敬之書話

思想的高潮

向敬之 著

自序

　　讀好書，足以清心。

　　清心，為的是清新和清醒，要的是使自己為之傾心。

　　這幾年，我在新書和舊書，好書和差書的夾縫裏，感受文字的溫度，感覺思想的熱度，感念歷史的濕度，有過不少期待、歡欣、憧憬、戀愛，有過擊潰小資情感的激進思想。當然，很多時候總被林林總總的生活煩惱與繁冗，捆縛得甚是乏力，困惑著艱難掙扎。

　　這是感傷和蒼涼，還是溫柔和慰藉，或者茫然和呆傻……都過去了。我得到過不少，但也錯失了許多，想透了，想通了，其實也沒有多少還可留在記憶裏。

　　我學會了感恩，感謝那些對我好、愛護我的朋友、老師、親人，感激那些無意中開始不理會我的人。更多的時候，我感受著伴我度過炎炎夏日、清清冬夜的書。

　　那些書，讓我放不下，讓我有了說不盡的衝動和感觸。

　　在繁忙、冗雜的工作之餘，去臨近的書店看看，慢慢踱步，待上一些時候。雖不能時時遇上可心的新書舊籍，卻也會耐著性子看個仔細。

　　時間久了，寓所的書，越積越多，愈來愈厚。曾有過一年半的、正兒八經的書房，近三十平米，三面臨牆書櫃，頂天立地，擺得滿滿。有些還碼了雙層。

好景不長，家庭變故，連夜打包，輾轉他處。我又開始流浪，又瘋狂買書。

自離開老家，夢旅星城，十餘年來，我一直都是漂泊的，漂泊在這個原本陌生、後來有了感情的城市。書一天天地多了，情一天天地濃了，心一天天地靜了，我不時謝絕了外地熱心朋友勸我移居他地的美意，不時和煩惱、猶豫、夜班和莫名電話進行交手。

別人以書為友，他人和書為伍，我同書為敵。因為敵手，我可以在它的背後，看見它的錯亂、訛誤和失實，看到我必須偷學的生存、思想、信念、歷史和一招一式。

今日晨起，忽然想起，曾有心帶一朋友從業出版。雖然出版已很不景氣，但我知道朋友還是喜歡文字，喜歡讀，喜歡寫，喜歡看上個世紀二三十年代中國作家的書。一個女孩子，居於當前繁繁雜雜且熙熙攘攘的現實社會，還有一顆神往自由自在的心靈，自是不易。

我想過真實地幫她一把，也沒有因為彼此單身，想像太多美好的遠景。我也一而再、再而三地囉嗦自己的如煙往事，擊潰她對我也許曾產生過的些許好感。

於是，我將昨日剛剛寫下的 QQ 簽名「寫文字，寫的是才氣和靈氣，雅氣和俗氣，正氣和邪氣」，改為了「編輯對文字，為諍友，為死敵，既虛懷攜手，又竭誠拼戰。持此志者，能成熟自身，且優化文字，更益於閱讀」。

我希望她能在上 QQ 時看到，看到做出版、當編輯、出圖書甚至是寫文字的無情和必須。這是編輯的責任和義務。

我一直想做書，因為這樣能約束、吸引和放鬆自己好好讀書。

　　我不否認，曾想遠離書，又曾想藉離職閒居的機遇，去北京，去桂林，去上海，和那些一直默默支持我、鼓勵我的朋友，因書為鄰。

　　千書散盡還復來。這個念頭至今是我心中的隱晦。

　　周遭的朋友虎視眈眈，企圖瓜分我這多年來的心血。

　　我捨得？

　　往往想起一本書，我會半夜從熱被窩裏爬起，翻櫃檢袋，逐一尋覓，直到找見，才復上床，安心而眠。

　　我不捨？

　　偶爾聽到某位交心的師友，喜歡讀書，總是欣欣然推薦。曾有一套通俗類歷史讀本，被我連續向近十位忘年小友重推，然後通過各種關係，為之提供閱讀的方便。

　　捨與不捨？

　　唯唯否否。

　　身邊的書，與日俱增。有淘的，有買的，有師友無私送的，有出版社為尋求書評的贈書。狂喜過後，似乎給了我許多溫暖和親近。

　　書，是為了用的。我非常贊同胡適先生的收書觀，也非常鄙夷某些人藏書的或孤燈獨賞，或待價而沽。

　　這些，也許是我與書締結情緣的雅趣。

　　書是讀的，讀多了，慢慢有了一些長長短短的感觸……靜心而慮，舒心而記，不經意間，也能看到粗略不能看到的內容和涵蘊。

　　不論前路多艱，還是時世多難，與書相親，使自己有了信念和堅定，有了憂樂和冷靜，當然也有了自始至終不曾放棄的責任與選擇。

　　這一份責任，是對讀者和作者、對家庭和自己、對婚姻和生活的一份簡單、真實而素樸的負責。

　　而這一種選擇，我選擇的只是無怨無悔和在無自拘處讀書，讀我應該也必須堅守的責任和義務。

2011 年 12 月 9 日寫於臨湘老家

2012 年 2 月 10 日改於長沙寓所

目次

「理想國」的理想讀本

在每個人心中，都有一個理想國，無論是帶有強烈的激進思想，還是萌生朦朧的小資情感，總能使人情不自禁地演繹自己的堅持與選擇。柏拉圖的《理想國》，以其獨特的基本內容和深遠聲譽，影響後世，近現代英國哲學家阿弗烈‧諾夫‧懷海德贊道：「兩千年的西方哲學史都是柏拉圖的注腳。」斯言雖說得有些過實，但足見柏拉圖作為在西方思想文化史上有大量著作流傳下來的哲學大家，確有與眾不同又斐然獨立的地位和意義。

柏拉圖（西元前 427－西元前 347）生於雅典城邦衰落時期，是時疫癘流行，古希臘奴隸主民主政治代表人物伯利克里染病去世，雅典同斯巴達爭奪霸權又展開伯羅奔尼薩斯戰爭慘遭失敗，致使城邦內群龍無首、危機四伏，也使出身名門的貴族子弟柏拉圖雖有從政期待，但身處局勢混亂、私人傾軋、到處械鬥的艱難社會，機遇不得，莫知所措。而在此時，乃師兼友蘇格拉底，因不願做民主政治革命者們的槍桿和幫兇，而被控為傳播異說、荼毒青年，招致法庭處以死刑。

老師的死，震驚了柏拉圖，讓其在貴族親友伸出參政橄欖枝時望而卻步，不敢想像寡頭政權下的城邦政治與國家圖景。雖然在他的理想中，領導與群眾之間，應該有分工合作的結構和體制，農民、工人與商人生產物資財富以供養領導階層，領導者治理國家、捍衛城邦且給予群眾教育、治安和國防的權益保障，但在當時，如此理

想,是不可能實現的。他只能遠效東方的孔孟出走他國,試圖用自己的帝王術,營造一片自由民主、國泰民安的人間樂土。他周遊地中海地區,尋找實現理想的路徑和勝境,在西西里島敘拉古城,遇上了酷好哲學又喜實行的迪恩。二人一見如故,但未能促成柏拉圖政治願景為老邁的城主接納。於是,他逃回雅典,辦起了學園,幾經周折,時有學者登門質疑問難,常見城邦子弟、世家兒女虔誠問道,形成了雅典的最高學府和希臘的學術中心。時間慢慢過去,昏弱的敘拉老主辭世,其子繼位,迪恩攝政,聘請柏拉圖重返古城為王師。

　　不論是游離他國,還是修園講學,柏拉圖的政治生涯都被現實無情地遏制。他只好放棄政治上的實際追逐,然在其內心深處,時刻想著城邦的正義性,想著各得其所、各居其位的社會分工。他將個人視為城邦的縮影,把城邦看是個人的放大。柏拉圖上師蘇格拉底,下啟亞里斯多德,一生追求哲學家應是政治家、政治家應為哲學家的最高理想,一直貫穿在前後著述 25 篇對話之中。除晚年代表作《法律篇》外,皆以蘇師口吻闡發己見。他在《理想國》中,借蘇師代言,同凱洛帕、波策瑪爾科、特拉需瑪科、格勞康等人,就優生、節育、婚姻、專政、獨裁、共產、民主、宗教、文藝、教育、男女平等、善惡等諸多方面的問題,展開了深刻而廣泛的探討。其中,關於城邦與靈魂的四種美、家庭與城邦、公妻制與身體的私有性、小家與大家、愛欲與正義、愛欲之流、「幾何學的必然」與「愛欲的必然」、哲學家的愛欲與正義、政治德性與哲學德性、公民道德與信念、音樂教育、體育教育、愛國主義教育、公民道德與禁欲主義、禁欲主義的共產主義、道德信念與禁欲主義、哲學家——王及其教育、身體的自足與靈魂的正義、身體的需要與政治德性,以

及國家的起源、性質、結構和不同政體，都被對話者們實施了條分縷析，巧妙地道出了柏拉圖思考不斷、夢寐以求的治國計劃綱領。

柏拉圖在理念論的基礎上，對公民的教育問題、三個階層（統治階層、軍事階層和生產階層）的劃分、王的統治、哲學的界定，以及城邦的正義與靈魂的正義、正義處在作為個體的人的靈魂中、靈魂的三分結構（欲望、激情和理性）與四種德性（智慧、勇敢、自制、正義）、靈魂中正義的劃分等，一一進行了由遠及近、深入淺出的闡述。他無限地強調城邦的整體和正義，賦予統治者無上的權力而鄙視個人幸福，甚至將人民看作是低下卑微，讓統治者「為了國家利益可以用撒謊來對付敵人或者公民」。其將正義作為《理想國》的主要論題，穿插凱洛帕、波策瑪爾科父子對正義是個人「私利」還是「公有之好」的問詢，特拉需瑪科將正義看作強者利益的理解，格勞康兄弟認為正義不過是弱者的恐懼，並結合城邦政治下的時代背景，清晰地提出正義問題、界定正義本質。

成於柏拉圖壯年時期的《理想國》，十卷篇幅，為其客觀唯心主義哲學思想的整體表述，屬於人類思想史上第一個完整系統的理想國家方案，其三分結構與後來「三權分立」制度有著淵源。然，它帶有一定的空想主義色彩，肇始了社會政治烏托邦思想和理念。柏拉圖囿於時代的局限與處境的缺失，對國家的構思，自是帶有奴隸主政治的理想色彩，但也是一種思想和追尋，一種思維和意圖，甚至是一種帶著無數美好而懵懂的期待與憧憬。兩千多年來，後人將其視為一個傑出的哲學主張，並結合所處的時代背景和存在語境，作出不同的理解和評判。

批判理性主義的創始人卡爾‧波普爾認為，柏拉圖的烏托邦理想是極權主義的源頭。柏拉圖對理想國的設計，是為維持城邦的德

性，雖主張廢除家庭和私有制，改造人的品質，但沒有對人賦予生而平等的基本權利。他完全採取社會分工來組合和諧有序的社會共同體，彰顯國家城邦的整體主義秩序，反映了西方古典時代對正義的追求。我們透視柏拉圖的根本思想同內在精神，也能發現，他將社會劃為不同階層，唯一的標準是人格品性，而非出身觀念、血統理論，亦不是經濟地位、財富數量，即便是統治者的孩子也會因品行不端而淪為第三階層。如此區分，不是等級制度的表現，也便無所謂極權主義的肇源。柏拉圖的理想學說，不但對人進行了綜合論述，而且包含了多種學科的經典理論，甚至由城邦的正義推及個人，呼籲各司其職、互不侵擾，構建一幅近乎完美的藍圖。後代研究西方人文社科史，也必然會朝古希臘哲學追根溯源，向這部「哲學大全」取經求證。

怎樣認識和理解柏拉圖寫在《理想國》中原始思想和基本理念，著譯學界已有很多學家名士，做出了殫精竭慮的努力和思考。在中國社會上流傳甚廣的，原皆為商務印書館版本，前有 1929、1957 年二度印行的吳獻書移譯五冊本，但語近古奧，不及 1986 年推出的郭斌和、張竹明譯本那般文采酣暢、語勢宛轉。由嶽麓書社出版的《理想國》（吳天岳校注，嶽麓書社 2010 年 7 月版），為已故翻譯家顧壽觀據古希臘原文直譯，成書於 1980 年代，更具精彩特色和原始味道，對於廣大讀者精準把握柏拉圖學說和思想，確有其他譯本難以企及且不可替代的價值。

顧先生 1921 年生在常州，1944 年畢業於西南聯合大學哲學系，曾在中國哲學會西洋哲學編譯委員會任研究編譯員，1948 年與吳冠中、吳文俊等 40 人同期考取公費留學的中法交換生，然未滿三年便回國，在中國科學院辦公廳從事翻譯工作，1959 年調入商務印書館

從事哲學編輯工作，譯有德國謝林《先驗唯心論系統》之《導論》與第一篇、費希特《人的天職》與法國拉梅特里《人是機器》等問世。他所譯的《理想國》，以希臘文文本為底本，參考多種英、法、德譯本和注本，力求貼近原文語序與語氣，有時甚至不惜犧牲漢語表達的流暢性，而不虞有支離冗贅嫌疑為讀者詬病，在國內已有多種譯本流行的情形下，選擇取信原著，堅持嚴謹通譯，方便我們直接感受柏拉圖形而上學與理念論的魅力，走近他的理念世界與表象世界，當然，最多的還有《理想國》中不斷遠去而又熟悉親切的很多討論。校注者吳天岳在保持原譯文風格的前提下，借鑒晚近 20 年西方柏拉圖研究成果，統一術語概念，修訂明顯訛誤，加以校注說明，盡可能地減少專名翻譯與通行譯名的差別，以配合顧氏翻譯，為漢語學界的柏拉圖研究與閱讀，提供了一卷近距離接近柏拉圖靈魂、清晰洞察《理想國》真義的理想讀本。我們在是書之中，讀到的也不僅是柏拉圖的理想與苦痛，而且更多的是顧、吳二氏對學術的尊重和理想。

（原載《中國社會科學報》2010 年 12 月 9 日）

迎接第二個 30 年的燦爛禮炮

2008 年，對於中國而言，戰勝了罕見冰災、特大地震，把中國人萬眾一心的壯舉，寫在天地之間永照汗青；成功舉辦北京奧運會、殘奧會，讓全世界欣賞了兩度無與倫比、媲美史前的盛會。而在陽光燦爛的金秋時節，一套 10 本 36 種著作的《走向世界叢書（修訂本）》（From East To West, Chinese Travellers Before 1911，嶽麓書社 2008 年 10 月版），亮堂問世，淡妝出彩，向中國改革開放 30 年紀念獻上了同樣性質的厚禮。

鍾叔河編選的《走向世界叢書》，自第一本於 1980 年 8 月出版，1986 年 2 月印成已出 36 種的最後一本，以一部出版未完成（原計劃 100 種著作）的大書，在湘版書史乃至中國出版史、圖書史上，都是大寫的一筆重彩。1980 年代，《走向世界叢書》先後以單行本、多集本的形式，緊隨鍾氏工作單位變換，輾轉湖南人民出版社、嶽麓書社兩家，後在嶽麓書社一次性地出版 36 種著作 10 本，贏得廣大讀者和不少專家多有讚譽，錢鍾書、蕭乾、李一氓、陳原、范用等先生紛紛褒以嘉詞為之頌傳。

20 多年過去了，《走向世界叢書》在出版社早無庫存，坊間的零散書本亦不多見。究竟其為哪些著作，想必未有幾人盡知。在這裏，不懂贅言，將《走向世界叢書》10 卷本書目羅列一起，以供知情者之哂笑，也補求知人之不識。第 1 卷《西海紀遊草》（林鍼著）、《乘槎筆記·詩二種》（斌椿著）、《初使泰西記》（志剛著）、

《航海述奇‧歐美環遊記》（張德彝著），第 2 卷《西學東漸記》
（容閎著）、《遊美洲日記》（祁兆熙著）、《隨使法國記》（張
德彝著）、《蘇格蘭遊學指南》（林汝耀著），第 3 卷《日本日記》
（羅森著）、《使東述略‧使東雜詠》（何如璋著）、《使東詩錄》
（張斯桂著）、《日本紀遊》（李筱圃著）、《遊歷日本圖經餘記》
（傅雲龍著）、《東遊日記》（黃慶澄著）、《扶桑遊記》（王韜
著）、《日本雜事詩〔廣注〕》（黃遵憲著），第 4 卷《倫敦與巴
黎日記》（郭嵩燾著），第 5 卷《出使英法俄國日記》（曾紀澤著），
第 6 卷《漫遊隨錄》（王韜著）、《環遊地球新錄》（李圭著）、
《西洋雜誌》（黎庶昌著）、《歐遊雜錄》（徐建寅著），第 7 卷
《出使英法意比四國日記》（薛福成著），第 8 卷《歐洲十一國遊
記二種》（康有為著）、《新大陸遊記及其他》（梁啟超著）、《癸
卯旅行記‧歸潛記》（錢單士厘著），第 9 卷《英軺私記》（劉錫
鴻著）、《隨使英俄記》（張德彝著），第 10 卷《李鴻章歷聘歐美
記》（蔡爾康等著）、《出使九國日記》（戴鴻慈著）、《考察政
治日記》（載澤著）。其中，張德彝一人入列四種之多，為挑剔的
鍾氏看重，不可謂非屬特例。我們談說《走向世界叢書》及其編選
者鍾叔河，如果不能盡知其中所收之書目，並一一對應著作人，那
也只是僅悉皮毛而已。時下諸多舊書市場炒作這部皇皇大書，如
不瞭解書名與作者，若為歹人機心使詐，就難免吃了虧而不曉誤在
何處。

　　《走向世界叢書》中所選著作，均係晚清時代到過歐美、日本
的中國使節、參贊、知識分子一類人士所著述，多為旅外遊記、日
記、隨感與雜錄。他們在離家萬里之遙的地方，寫那裏憲政法律、
社會文化、思想教育、人文風情，總想能為日益衰敗的故國，找到

堪稱現代新穎的良方。其中的所見、所聞、所知和所感，大多不經遮掩盡情書寫，經過了一番仔細觀察與認真反思。遺憾的是，他們的憂樂情懷，並不為當時國人重視。當時的朝廷，除了會危坐高處奢望富裕強大外，就只會認認真真戰戰兢兢地割地賠款了，哪有心思理會什麼西體中用、資本主義。不把這些所謂假洋鬼子所寫的西方神話，視為異端邪說，已是大大開恩了。我們記憶中的郭嵩燾、曾紀澤，竟然因為有些新式思想的舉止，即使在榮歸故里也被湖南故人咒罵數典忘祖、大傷風雅，殊不知這些住過真洋房、喝過洋墨水的時代大才，在洋人面前，有禮有節，不卑不亢，時刻想的是國家和人民的利益。

翻讀《走向世界叢書》，其中多有西方常見、中國罕有的趣事，也有我們今天當重新認識的歷史真實。諸如張德彝在日記中寫到，倫敦的一個馬車夫因為鞭打自己的馬過多，被罰款並且監禁一個月；李圭在《環遊地球新錄》中，饒有趣味地說明地球是圓的，徹底毀滅了中國「天朝上國」的長夢。1876 年郭嵩燾出使英法期間寫的《倫敦與巴黎日記》，所感受到的法治意識，在今日依然有很好的明鏡意義。過去中國的學者對蒲安臣出使一事，多作否定與批判，一致認為清廷任命一位外國人為外交使節是「引狼入室」，而 1868 年志剛巡迴各國遞交國書所作《初使泰西記》中，全錄了蒲安臣在條約草案後「寫呈總理衙門」的八條注釋，把蒲安臣維護中國利益、執行清國意圖的事實，作了最好的、最有力的說明。

在當時中國，《走向世界叢書》中的思想是新鮮的，而在今天，其仍有強烈的史料價值與現實意義。1847 年容閎留學美國寫成《西學東漸記》，1866 年斌椿、張德彝奉派遊歷歐洲分別所作《乘槎筆記》和《航海述奇》，1867 年王韜私人去巴黎、倫敦後著述《漫遊

隨錄》，1876 年李圭赴美國參加費城萬國博覽會寫的《環遊地球新錄》，1878 年徐建寅去德國考察造艦、兵工寫的《歐遊雜錄》，有著李鴻章傳記色彩的蔡爾康《李鴻章歷聘歐美記》，唯一一部中國人寫的巴黎公社目擊記——張德彝《隨使法國記》，清末唯一的女子國外遊記——錢單士厘《癸卯旅行記·歸潛記》……各個角度不同，表述方式也不同，但他們的行文目的應該是一樣的，那就是希望促使更多的國人能像他們一樣看世界。他們對西方的政治、文化、宗教、教育、經濟、財政等，一一作了詳細的記載與分析，對於現在中國解放思想，進行社會主義市場經濟、民主政治建設，都大有裨益。

　　《走向世界叢書》中作者群體，為鴉片戰爭之後的知識分子組合，可以說是受了林則徐、魏源等人「睜眼看世界」影響的血性中國人，從其觀察西洋社會政體、民風，均可看出他們意欲救國自強的掙扎與痛苦。他們寫西方世界的美好，並不是如同後來不少人歌唱外國的月亮比中國的圓，而是希望中國當政者能通過他們寄回國內刊刻的文字，認識中國與西方的差距，看清楚中國的破落與保守，變法自強，不再在西人幾門大炮面前卑躬屈膝。雖然晚清時代的中國，進行過洋務運動，成立了總理各國事務衙門，裝備了威威武武的海軍，甚至派遣權貴出洋考察、親王領銜新政改革，可事實上不過裝模作樣罷了，不做真正意義的、有識之士期待的舉措。不然的話，絕不會在以裝神弄鬼「扶清滅洋」、屎尿能毀敵槍炮的義和團事件，結束可憐又可悲的 19 世紀最後一年。雖然最後理智地拒絕了蒙昧「民眾」的「善意」，但為時已晚，全國每人賠款白銀一兩的事實，使原本落後的中國陷入了絕境。

　　當時的中國，最需要的是根本性質上的改革。從外國歸來的思想者們，用自己的文字，為國人介紹了改革中的西方社會。他們中間，有李鴻章、載澤這樣的朝廷大員，有郭嵩燾、曾紀澤一類的駐外大使，有康有為、梁啟超一般的留西學者，還有不少如容閎的留學生。他們羨慕西方強國的繁華，但是沒有像今天的明星大腕一般，弄一個外國國籍擺擺外籍華裔的威風，心中想的還是生養自己的中國，也儘量如實地為中國記錄了西人追求自由、民主、法治的進程。歷史證明亦是如此，人民富裕了，才有國之強盛，全體民眾有了自由、民主、法治的意識，帶給這個國家的就只是文明、富強了。而仍然堅守宗法社會與專權體制，對於有著新意識、新思想的知識分子與優秀著作，不屑一顧，且冥頑得根深蒂固，不得不使中國在很長的時間內走在中世紀社會的邊緣。即使在後來，人民當家作主了，但反右運動、極「左」思想、「大躍進」直至「文化大革命」，都是拒絕自由、民主、法治，拒絕知識獨立、學術自主。只有進入了全面改革開放時期，才真正走進一個春天。

　　《走向世界叢書》帶有鮮明是啟蒙色彩，為當代中國的思想解放，傾注了清新活力。雖說是近代中國知識分子的考察記叢書，卻以其反思社會的深度和力度，審視了中國的命運，長時間地震動了不少當代國人。文本紀實的是晚清時期中國人居留西方的見聞與感想，對晚清中國所陌生的社會的方方面面，作了一次較為真實的全方位、大視角的描寫和反映。鍾叔河選材是務實的，所有著作借助觀察者們對西方憲政、自由、民主、法治等諸多特質的揭示，比較東西方文化差異與倫理選擇，重新走近和認識一百多年前的中國社會和中國人性。

　　《走向世界叢書》的原始作者們，一群晚清破落時代生活國外多年的知識分子與外交官員，於兩岸敵視與交融理解的大環境中雖不失「雙重人格」，但依然堅持以一副清醒者敏銳觀察的頭腦，盡最大可能地摒卻中國中心論的偏見，走進真實的西洋人生活和西方社會，較為全面地反映了不雷同於傳統中國記憶裏的本真本然的西方世界。

　　在國人的感性眼睛和現代思想中，雖說近時有影片塑造了李鴻章期冀走向共和的形象，但晚清時代的中國，依舊是朝廷墮落、時政弊弱、民眾愚昧、列強攻略的破敗模樣。數個賣國賊子，幾十名勇敢的熱血士人，一大群死守幾寸荒蕪的國人，在封建專制的殘照裏慘澹經營，乏力自衛，努力自鬥，「天朝上國」也成了被西人痛擊、為時人咒罵、讓後人痛惜的無奈國度。在後來各式教科書本和歷史讀物上，記敘的只有在恥辱過後的無奈，留下的只是與奮起並同的憎恨，卻很少有文字力透紙背地把晚清中國不願正視的西洋圖像，進行全面有效的把握。《走向世界叢書》中的每個觀點，融合嶄新的思辨與經驗，繫念一個雖為外人凌辱但又不斷自強的民族。其中，也有不少人對鴉片戰爭、幼童留洋等近代歷史大事與遊歷歐美、環境保護等日常生活瑣務，展開了有效思考與較為全面的分析。

　　上個世紀，鍾叔河在 50 年代打成了右派，70 年代關進了監獄——因為他是有思想的知識分子。也正是因為他是有思想的知識分子，即使身陷囹圄，依然堅持著思想過去與將來，思考改革和自由。他所編選的《走向世界叢書》，雖沒能全部出版，但可以說是中國文化史上一部不可多得的未完成交響樂，不但在當時是中國開放初期出版界的一筆斐然成績，就是在現在與將來，對於推進中國解放思想、宣導和諧，都有著其他不可替代的作用。其本身就有佐證當

代中國壯大自由、民主、法治內涵的力量，同時也是改革開放使之
重生蓬勃活力。在新時期談論《走向世界叢書（修訂本）》，我們
不能一味地去挖鍾叔河曾經遭遇多少不幸，而當是借助圖書再版的
意義所在，認真地考量思想文化改革之根本。不知什麼時候開始，
總有人喜好窺視名人明星的隱私傷處，而且津津有味，此種毒瘤，
只能施以徹底的、全面的根治，但我們對於歷史待人不公正的事實，
也不可無視與短視。

　　之所以《走向世界叢書（修訂本）》能引起各方面的關切，是
因為鍾叔河有著勤於思考、善於反思而不屈的精神，是因為他用有
思想的知識為改革開放提供了一面鏡子。我們也只有真正認識了叢
書的現時代價值，方能較好地理解了鍾叔河。誠如其在《重印前言》
所言：「《走向世界叢書》的作者未必都有郭嵩燾那樣的深刻見解
和梁啟超那樣的著名文筆，如張德彝者無非一同文館出身的平凡外
交官，但他亦有一特長，便是在外國看得多，記得細，連倫敦車夫
鞭馬過甚被罰這樣的小事都記了下來。但能從此類記述中看出普世
的價值，看到全球文明的願景。」鍾叔河編選此書，想的不是自己
出名，而是希望能像張德彝一樣，多看細寫，把凡有益於社會的各
種思考性文字，傳遞給熱愛文明與自由的讀者。不然的話，他靜心
撰寫的敘論、批註，就不會在書中不斷增彩了。

　　近代中國，不少西方傳教士、外交官來到了中國，也寫出了不
少觀察中國封建社會、現在走俏中國圖書市場的好書、好內容，如
美國何天爵在《中國人本色》中預言：「在歲月流動中，它們被年
輕的一代牢牢繼承下去，變化非常緩慢。中國有著光明的前途，中
國必將在世界歷史中發揮舉足輕重的作用。如果誰不深信這一點，
誰就不算真正瞭解中國。」時間過去了一百多年，中國社會的發展

現狀漸已證實了何天爵百年前的預言。《走向世界叢書》的著作者
群體，走在大洋彼岸，觀察與思考中國問題，較為真實妥帖地認識
與理解中國、中國人與西方、西洋人，在早期中國知識分子群體中
已是匪夷所思，但他們的文字和思想，在許多問題上的把握與判斷
也近乎全面和準確，便利了當代中國人重新反思和審視自己的價值
和地位，推動國家富強與社會進步。同時，也向現代中西思想文化
甚至政治、經濟深層次交流，創造了能夠經受長時間考驗的典範意
義，進一步推動中西多邊不再敵視、諧和融合的全球化大環境健康
發展。現在，康佳的電視機已經出口澳大利亞了，海爾已經在美國
設廠生產洗衣機了……凡能結合所處時代讀到《走向世界叢書（修
訂本）》的人，也許會發現當代中國與世界更多的不同與相同。

　　如此好書，集中的內容是百多年前中國人走向世界的第一次大
規模觀感，當時的中國還是死抱專制集權不放，就是到了辛亥革命，
也不過打著民主、共和的旗幟，繼續墨守成規、忍辱偷生，生怕開
放改革斷了當權者利益常得的根基，即使是像 1920 年代湖南、廣東
的憲政民主、聯省自治，也沒堅持多久就被扼殺。在有了真正意義
上的改革開放後，鍾叔河有計劃、有目的地推出《走向世界叢書》，
對於中國的現代化進程中解放思想、富民強國來說，是一件功德無
量的事情。而於今天，適逢中國進行改革開放 30 年紀念的日子，湖
南出版集團與嶽麓書社花大氣力、大價錢推出《走向世界叢書（修
訂本）》，四位責任編輯聯袂，長時間地核查史料校勘原書中的錯
字，使得其中的內容，無論是從文化的角度，還是從歷史的眼光來
看，都是具有時代意義和普世價值的。

　　中國的改革開放成功完成第一個 30 年，帶給了中國翻覆變化與
無限生機，但 30 年的輝煌已成過去，我們所面對的是下一個 30 年

以及更遠。《走向世界叢書》中的內容，雖係百多年前的國人所寫，至今仍不失現時代價值。《走向世界叢書》的接連再版，用有思想的文化開闊了中國，是中國文化史、思想史和圖書史上一座豐碑，為中國與世界之間架設了一座大橋，對於改革開放、解放思想有著啟蒙意義和普世價值，今天一次性修訂再版，不啻於迎接改革開放第二個 30 年的燦爛禮炮，五彩斑斕，煌煌耀眼。

（原載《航空畫報》2008 年 1 月 20 日）

堅持與選擇之間的灑脫

　　凡熟悉古希臘神話的人，絕對不會忘記西緒弗斯這個形象，不倦地輪迴推動巨石，長年累月，不屈不撓，增添了不少凝重的色彩。有不少人喜歡把他看作是執著的榜樣，然他始終沒有感受到選擇的樂趣。在中國歷史上，屈原應該也是這樣的信念之人，自以為滿腹經綸、獨清於天下，到頭來只能帶著經濟雄圖和睿智，獨赴水府和秋月作伴去了。

　　西緒弗斯和楚國的屈原大夫，因為自己的執著，出了煌煌大名。對於他們自身而言，面對的只有艱難和死亡。千百年來，無論何地，他們也有了許多追隨者，懷握著個性張揚於名利場，不是接連遭遇坎坎坷坷，就是不斷面對磕磕碰碰。其實，他們是否真的生活得稱心如意，一切都難以有一個真實的答案。哪怕是滿面春意的美女、奇才，還是一生布衣的壯士、豪客，在他們留下的、我們讀到的詩文辭章中，總會有著不少失意、落寞的痕跡。真正又有幾個人過得瀟灑的，這還是讓我們循著張松輝寫在《人生儒釋道》（嶽麓書社2008 年 5 月版）中的認識與感悟，或許能夠找到一些印記。

　　閒暇的時間，多半在中國的傳統文化文本中，慢慢地得以打發。對於有些文字，粗讀了大意只求了一知半解，但有些著作雖然不是很薄，卻被翻讀了多遍後再次重溫，隱約之間也清晰記得，什麼是孔孟之道，那些帶著老莊風格，也沒忘記蘇軾越貶越遠的積極心態和曾國藩屢敗屢戰的激越情懷。至於佛家有云、菩提無恨的偈語，

也默念了不知多少回。每每讀著漸已熟悉的文字，頓時備感親切，甚至有時還能發現零星的新意。沒想到的是，近來一本《人生儒釋道》，讓我讀到了一直想來想去但沒有想清楚的東西。夜半時分，偎一盞孤燈，窗外的清風不時徐徐而來，有涼意又不覺寒意，一份不可思議的魅力，輕鬆、平靜而憂樂，激勵著去發現什麼是儒釋道的人生，那些屬於最實在的生活與人性。

打開中國的文字讀本，幾乎都是流蕩著一種鮮明的思想，或憂患，或隱逸，或出世，或入世，多半的精神是莊嚴不屈、桀驁不馴，似乎古代的人們只能擁有做人的重荷，無形之中，也給後來的研究家們提供了界定什麼家哪類人、是著名還是知名的材料。而很少有人能像張松輝一般，抓住了古人之魂。在他看來，儒釋道的基本人生觀各有特色，他甚至較為準確地區別了道家和道教，如儒家追求「窮則獨善其身，達則兼善天下」、道家始終為了「逍遙適意」、道教「鑄造天梯」欲長生成仙、佛教「磨磚成鏡」提升自我普度眾生。一句「道冠儒履釋迦裟」，寥寥數字，已把中國古代文人的心態勾畫了了。儒家人士講求修齊治平，佛門中人慈悲普度，道學一脈癡迷修煉逍遙，雖各自獨立，但相互之間又有著幾分相似的影子。雖說儒釋道三家各有千秋，但他們的實踐者理論家們，應該說並沒有一個真正的純粹信徒，有的不過就是傻傻的偽君子和趄趄的真小人。也正是因為如此，才有了三教之間的鬥爭與融合，有了張松輝寫在學習篇、生活篇、養心篇、世事篇和處世篇裏的理解。

也許張松輝的思考暫時不能視為真實人文的思想正宗，甚至會不被傳統文化學家們與擁護者接受和贊同，但，仔細體會，自有不少深意，全然沒有幼稚的成分。無論是比較漸修與頓悟、殺生與惜生、禁欲與縱欲、愛情與婚姻、大度與狹隘、自然與人工、人力與

命運、內聖外王與不執著等人生命題，分析出不同思想流派、不同人生選擇的因和果、源與流，並且進行了有針對性的闡釋。行文中，有對古代思想言論和詩文的通俗解讀，也有綜觀儒、釋、道不同文化體系的對比評說，對傳統的修養、處世、交際、婚姻等觀念一一提出了獨特的見解與看法。理據充分、層次分明、內容明晰、閱讀甚便，不時生發出生活的情趣和哲理，沒有枯燥的學術氣息，對廣大讀者知曉古人人生態度和幫助自身人生選擇，大有裨益。

許多人愛讀《羊皮卷》、《沉思錄》、《道德箴言錄》之類勵志書本，因為能夠讀到振奮人心的文字，而《人生儒釋道》不是那樣的哲學通俗讀本，卻也能懾人心魂，對美好的生活，會有了各種各樣朦朧的憧憬和期待。或許，那些歡欣愜意的事情，甚至是哀傷阻礙的原因，正在出現或者還沒有真正發生，但我們透過張松輝對於古代人們的儒釋道人生抉擇，不經意之間，會找一面很好的鏡子。為什麼莊子面對高官不喜，東坡連遭貶謫不悲，陶淵明寫著自祭文寫滿灑脫與悲涼而不憂，袁枚李贄狎妓甚至有著分桃斷袖之癖而不恥，而李白、白居易、韓愈這般一流的大家煉丹吞藥想修仙終不得長生，於今天的我們都是一個鮮活的影像。為人處世不喜不悲、不卑不亢，擇善學習，辨惡遠離，總會有成就自己而不拘束自己的時機。如果一味地以為接受了某一流派思想，分外虔誠，自然會過得枯燥乏味，久而久之，事過境遷，人不我待，到頭來不過是扮演了一會兒在歧路徘徊的屈大夫、賈太傅的好學生。能在儒釋道多家思想之間走自己的路，不論思想為人譏笑激進也罷小資也好，定有迎來柳暗花明的日子，斷然不會哀歎什麼莫由追悔、無可如何了。

張松輝的觀點不能說所有都是正確的，如他對袁枚之流的情感氾濫等的現象，沒有明確的批判，甚至推重陶淵明有了束縛就想逃

到世外桃源的行為。在我看來，袁氏行為寧狎雛妓、同性戀而沒有婚姻、夫妻、家庭概念，已嚴重超越道德底線，不是真正有操守的男人；陶淵明自己是可以種豆南山下了，但他只會為了自己，而缺失了為民造福的責任。但他能通過深入淺出的方式，把自己對人生的一些想法和中國的傳統人生觀融合一體，自成特色，尤其是能將中國古人們曠達灑脫的風格與風範，淘盡純學術味道，伴隨著有鮮明主題的古代詩文掌故，清晰而清新地漫刻到我的記憶，輕輕鬆鬆，自自然然，有深沉和慰藉，也有樸實與信仰。張松輝的認識，非常明確，而且能夠在古代文字中，一一找到對應。古人和古文，已經不斷地離張松輝和我們遠去，但張松輝找到了不能簡單同於「三一教」理論的新鮮思路，為我們勾勒了較為親切的傳統文化中國的儒釋道和諧之旅。

　　雖然不是大部頭的學術專著，但豐富資料衝破了專題寫作的藩籬而不煩瑣，使人讀來眼界開闊，思路新鮮。與此同時，張松輝的見解似乎有些偏頗但細細品味卻能覺得頗有意思，而且獨具新的意蘊和情趣，益人神智，予人啟發。特別是，自始至終，張松輝講求要善待自然、熱愛自然，很有時代意義。我們大力推行和諧社會的發展進程，能與大自然共生共容，才是正確的選擇。近期不時出現的自然災害，如颱風、冰凍、旱災之類，總是大面積、強威力，總是讓人不可預測又難以預防，如果還不引為警覺，更難堪的事實也許就在和風細雨之後接連上演。同處一個地球村，共容之心態的營造，共生之生態的創造，以其尤為重要的時代意義與社會價值，使得心態和生態成為了人類文明始終存在的兩大問題。心態關乎共容，生態關乎共生，共容方能共存，共存方能共生，我們不僅應當學會與他人共容，更應當學會與自然共容。張松輝在談論人文話題

的時候，一再強調人居與大自然的切身關係，不是牽強，沒有敷衍，更是容易引人意欲走進《人生儒釋道》，看清其中的林林總總：流利、自然、清新、理性，還有儒釋道共生共容的人生。

如果我們在研究古代文人思想時，不去簡單地給那些畫出特定的圈圈，不難看見和喜歡那些還未曾熟悉的一面。事實上，正如張松輝所認識到的，在文人中，特別是在後來的文人中，很難找到純粹的儒家人物，或道家人物，或其他各家人物。絕大多數文人，兼收並蓄地會通前輩思想，靈活運用，巧妙發展，在不同的生活環境中採用不同的思想來指導、調節自己的生活和心態。慢慢地，也就有了中國文化史、思想史上一個個著名的故事，這些都是偶然的，非常個體化的，但傳承下來，梳理清楚，卻會發現古代中國的儒、釋、道相容的往事，雖已浸染在黃卷之中，但依然是實在的，讓張松輝讀到了意思與意義，讓他期盼中國能夠出現儒、釋、道三家鼎立的局面，使得中國文人在生活中進退自如，遊刃有餘，能在處處找到安身立命之處。

《人生儒釋道》所追尋的不是過往的喜怒哀樂，也不是對古代風流文士的獵奇，細膩的文筆，勾出了看似中庸之道卻是和諧之路的發展里程。今天的圖書賣場上，講人生話思想說文化的圖書，已是屢見不鮮、層出不窮，但真正耐看的寥寥可數，《人生儒釋道》的出現，不是定位於時髦讀本，但它的真實意義和地位，將會隨著閱讀者的擴大而得以擴充，而時間不會是數月半年之內。稍稍遺憾的是，封面設計底色，大面積使用蛋黃色彩，另用白色大寫「人生儒釋道」作裝飾，黃白相掩，缺少了鮮明的對比，想做出現代感覺的願望，卻被沖淡了主題。但，張松輝表現在《人生儒釋道》中的思想和內容，絕不會因此而弱化，隨著時間的流走，將會讓更多的

人們感受到其中的出色。也許張松輝對於西緒弗斯和屈原式的信念持有保留看法，但他對於自己的文字和思想的精益求精，卻會依然像西緒弗斯、屈原們一般有著持之以恆的精神，惟有不同的是，他知道什麼是堅持，什麼是選擇，什麼是灑脫，他所做的也是借助中國士階層甚至整個人類富有人情味的事例，進行著有意義、有品位的客觀分析。

（原載《華商報》2008 年 6 月 2 日）

亦莊亦諧讀「易」趣

　　《周易》，又稱《易經》，為「五經之首」，本是一部中國文化古典名著，只因其中幾個字眼，就成了一部國人甚至更多的人眼中的天書，撲朔迷離，神秘難解。不經意之間，易卦算命、八卦看相、占卦定宅和卜卦判出行、問吉凶，似乎有不少人樂衷此道。遍佈城鄉的偽文化騙子，打著「易經」招牌張揚預測術，牟利誆拐。也有不少前人和時人研究易經易卦，總是在吉凶禍福裏鑽牛角尖。苕木匠一反常態，跳出已是枷梏緊鎖的舊框框，將乃師贈與的一本舊書《周易》奉為金碗，仔細端詳，輕鬆解析，自由漫談，寫成《揭開帝王的秘笈：正讀周易》（廣西師範大學出版社 2010 年 7 月版），而不再效仿孔子一般狂歌「微言大義」，亦不追從陰陽家興修讖緯之學，試圖遙溫歷史生活與舊時現實，把數千年以來的古文化結構《周易》，從打卦問訊、揲蓍占卜的神壇上解放下來。

　　世人喜歡為《周易》冠上「世界大百科全書」、「中華民族哲學思想之源」、「打開宇宙迷宮之門的金鑰匙」一類的帽子。而在苕木匠看來，本真本然的《周易》，就是一冊創自周公的王室教材、帝王秘笈，為有周一代的歷史政治之學，乃王儲們的教學用書。他撇開《易傳》，剝離出《連山》、《歸藏》的附加內容，跳出傳統治《易》的陳規舊習，依憑訓詁和邏輯的方式和手段來解讀《周易》。

　　苕木匠從漫談周王朝遠流開始，突破正史傳聞重圍，將周文王、姜子牙一類儒家禮奉的聖德人士，充分賦予凡人性格與智者機心，

且揣測周公旦攝政前後，引出其創編《周易》的真實意圖同心路歷程。周公長期與王權締緣，難免有人性隱惡、權力欲望。作為文王頗有能耐的兒子，他自然不會放過二哥武王過後、侄兒成王年幼而使權力旁落的機遇，聰明而強幹地向嫡長繼承、兄終弟及的舊制發起猛烈衝擊，製造藉口，誅殺三兄，但後又被有顧命大臣支持的小侄子借力打力，重拳出擊，無奈流浪。待如夢初醒，返回故都，竭誠事君，盡力輔政，同時將歷史教訓、人生總結形諸《周易》。數百年後，孔子理解了他，並尊其為一生偶像、萬古先賢，重點炒作，大力宣傳，使其書其名煌煌然，如天上日月，陪伴在後人的日夜、夢幻與爭論中。

苕木匠談《周易》，亦莊亦諧，自圓其說。他沒有單純摘上幾句來簡單談心得，也沒有扮演大學問家模樣弄得雲裏霧裏，開門見山，開篇就考證著述根源與來龍去脈。典故傳聞，悉數道來，雖貌似不符歷史記述，但其中虛實合情合理。諸如姜尚直鉤釣魚，釣來了周文王的「太公望」、武王的「師尚父」之類名號，深察其微，而不過自導自演的包裝術而已。但，有了這樣的安排，自然能使周國的貴族大臣，不再漠視殷都城裏來的屠牛客了。這些雖與史傳故聞很有出入，但又能使人有著幾分相信和驚歎。

他對《易傳》，不引證，不批評，徹底拋開「以傳解經」的傳統模式，面對傳統文化經典，沒有一味想著盡力做好注釋、解說性的超前工作，留給讀者的不是咀嚼了多少回的乾渣，而是將古文化博大精深的神秘面紗，輕輕揭開。

苕木匠主張洗乾淨臉後，帶著平常心和正確史觀，在一種開放的姿態的中悅讀《周易》，就著每一個字、每一句話，發現一段真實歷史的寫意。因為他知道，如果始終因循「據象解辭」的老路，

而不理會卦畫結構、卦序特點、卦中內涵與主題，無視三段式論述、比喻連篇、生詞本義，自是免不了走進迷茫和懵懂的境地。有不少的苦行者選擇舊路，樂此不疲，導引人們震懾於文字對心理思維上的威力，跟著占筮者們「據辭選象」、「因辭起象」，墮入迷信的淵藪，方便了江湖術士、宗教偽人欺人騙財甚至危害國家、社會，有了不需要廣告成本的伎倆。今時解讀《周易》，可以說是潛在地為《易傳》對《易經》的一些誤導，作了一次清新解毒。《周易》本來就不需要用神秘紗巾遮住了，使其返璞歸真，讓更多的人去親近她的美麗與真實，需要人們真正地看清每一卦的含義與本色。

對於《周易》卦畫與爻辭的解說，作者款款而論、娓娓而談，把其性質評判和解讀方式，一一作了充分的說明與定位。他將六十四卦分為上、下二經各三十卦，其餘四卦為附論，並從政治、經濟、社會、軍事以及家庭生活、倫理道德諸多方面取材，深入淺出地解析不同卦畫、卦序所代表的意義和內容。他的思想維度，一直把握著正確表達卦的主題，簡約自然，而不失中國精神同生活氣息。每一個卦名下面，都有一個類似副題的主旨提示——鮮明但不代表單一的標識。如坤卦——土地問題很重要，小畜卦——如何調教「媳婦」，否卦——健全制度保吉祥，臨卦——幹部下鄉；咸卦——三千年前的新婚指南，家人卦——治國先治家，益卦——心善可以不擇手段，井卦——開源節流加反腐。尤其是以首卦——乾——為例，著重談了卦名、卦義、卦象等的成因由來和延伸蘊涵。所有的卦畫，都是代表歷史、映藏現實的實錄，融會了哲學思辨，也關乎著當代人對古人在修身處事、教育原則、軍事用兵、科學總結、農牧生產、治國齊家、睦鄰邦交、改革之制、誠信之禮、中庸之道等方面的認識。

他重視詞語訓詁，找尋著者原意，衝破象數派、義理派傳統解「易」方法，抓住卦中言詞對誰說、爻辭語境屬何情形、明辨斷句關係及「元」「亨」「利」「貞」等常用文字、「九」「六」「七」「八」等頻出數字的含義用法，走出了一條清新的《周易》理解之路。

他從上經裏讀出了周族歷史上的治國方略同姬周立國至成王東征的具體史實，於下經中讀出了周公管理政事的經驗和修心立身的道理，同時循著最後四卦，看到了周公自我標榜、蓋棺定論但未明言己著的淡淡影子。雖然他沒有讀出預測人事塵世的神明方術，也沒有談論高科技應用的絕妙機理，只是讀成了一部助君王教誨、替自己檢討，且包涵豐富經驗、鮮明教訓的政治哲學著作，旗幟鮮明地指出此非占卜之書。

對於傳統文化的理解，是一件見仁見智的事情。只要解讀者認真用心、仔細用力，而不心生異念，勢必會創造出為人欽敬、經世致用的效果。無論是解古代經典，還是品傳世名著，都需要一種淳樸的心境。苕木匠在讀古注典論說紛紜的今天，毅然追求一個全新的面貌，見解獨特，功力見著，深度自顯，文字曉暢，同時以平常學術書難以企及的通俗與趣味，帶給了讀者很多親切和熟悉。姑且不說其是否真正讀出了《周易》原創者的寫作初衷和本來面目，但他《揭開帝王的秘笈：正讀周易》，意欲顛覆傳統易學分析的勇氣和努力，定然會因其仗著熔鑄理性、邏輯與非理性、非邏輯的利斧，在當下流行的《周易》算卦癡狂的重重迷霧中，劈出了一條陽光大道，帶著讀者走在涼爽和風中，真實地認識並不神秘支離的《周易》，感知到滿身心的舒坦與情趣。

（原載《文匯讀書週報》2010 年 11 月 19 日）

解讀經典是二度創作

　　自我國有了「哲學」一詞伊始，時人總是把道家經典《老子》奉為哲學讀本，稱其中宣揚的「道」為世界本體、「道論」即是宇宙生成論的意思，把老子的精粹思想「無為」與「小國寡民」分別曲解成消極作為、無道而治和君王弄權、愚民治政、反對仁義。而熟諳馬克思主義基本原理的趙又春一反常態，果敢地把《老子》定性為一部寫給君主看的、教誨治國理念的政治哲學著作，以一卷《我讀〈老子〉》（嶽麓書社 2006 年 6 月版）的文字與思想說話，冷靜地審視歷代詮釋性學說而不恭維諸家權威，為「道」、「無為」和「小國寡民」等一系列老學精髓作了一次近似顛覆性的解說。

　　在作者的思維中，陳鼓應先生的「老子著書立說最大動機和目的就在於發揮『無為』的思想」是中肯的，他發現《老子》的其他概念和命題，都是以「無為」思想作為終極目標來解讀的。他把「無為」肯定為政治概念，統一為治國的根本原則、最高理念，是達成「有為」目的的基本手段與有效策略，靈活運用老子的樸素辯證法逐一解析無欲、虛心、謙下、守靜、貴柔、無名、唯小、為雌、不積、樸、善救人、絕聖棄智、去甚去奪去泰、為腹不為目等「不爭之為」的「無為」原則。作為一種政治主張和治國理念的宣揚者，老子試圖進言教誨的是最高統治者改變策略，用換位思維從事物的對立面思考過來。「道」生萬物，「德」養萬物，《老子》又名《道德經》，旨求以「德」馭「道」，導引統治者在對待民眾時言為「無

為」、「不爭」，事實上又是以達到「有為」、「爭」的目的和效果的，只有如此，才能更好地實現道德意義與功利價值，得以凸顯老子理論具有的真正的概括性與說服力。

在老子的時代，諸侯並立，民眾分居，對統治者作道德的勸勉是弘揚思想學說一條所謂的捷徑，從某種意義上可以迎合當時的政治與倫理合二為一的思維。作者強調「無為」又是最高道德範疇，觀照老子多方揭露、尖銳批判統治者的腐敗和陰暗面的著力，認為老子宣揚「無為」的最終目的是努力尋求一個上下有德、君民團結、「聖人無積」、人民「甘其食，美其服，安其居，樂其俗」的和諧社會，解讀傳統文化的經典著作，既不能局限於字詞句讀的鑽牛角尖，也不能停留於翻譯作解的標新立異，更不能迷信於權威評判的一家言說。雖言時下注釋《老子》的著說紛紜，已不下數百種，而作者於內容和形式上實行新的突破，用自己獨立的感悟引領時人甚至後人在誤會澄清的基礎上，以譯、注結合討論的過程中接近已逝去數千年的老子的原意。難怪作者在通讀《老子》過後鮮明地指出老子的「小國寡民」理想並非什麼「愚民政策」的主張和對「愚民社會」的渴望。雖然「無為」社會是老子的「烏托邦」，用社會發展的眼光審視，這是一種尋思大同社會的空想；從老子的思想實際上把握，這可能意味著他情願為「理想國」作一些近似歷史倒退的思索。用慣了辯證唯物觀和歷史唯物觀思考問題的作者，以一顆平常人的心態，充分肯定了老子不是向君主獻計，教他們如何更有效地剝削壓迫人民，而是在嚮往、設計、召喚他那時代的人可能想像的最美好的社會。這是一種智識的表現，也是一種勇氣的表達，更是一種尋根究底的精神對歷史人物和經典思想的負責。

平心而論，閱讀一種傳統文化史上的經典性著作，是一次能夠提出或多或少見仁見智的觀點的二度創作。趙又春寫作《我讀〈老子〉》，雖是受沈善增先生《還吾老子》的觀點所誘導，但不拾人牙慧，他從沈氏新論《老子》是專門寫給侯王、君主看的政治哲學書出發，依憑自己的思考方式與行文特徵對《老子》81 章一一解說，以求真正的全面的「還吾老子」──引領對《老子》還不太熟悉或研究尚欠缺的讀者，跟隨自己走近最本真的老子思想。作者也曾熟讀過堪稱當代詮解《老子》的代表作，即陳鼓應《老子今注今譯》和任繼愈《老子新譯》，以及馮友蘭《中國哲學史》中的有關論述，然而沒有承繼方家緒餘借題發揮，卻是以一份哲學史家的責任與使命張揚自己對老子原意的理解和認定。在他的研究思路中，老子思維的邏輯和我們今人一樣，他作為思想家與《老子》作為經典學說，不會於同一章節中犯邏輯錯誤；《老子》使用的語言，是可以通過先秦文獻中詞語含義和語法規則來理解的。正是基於如此，作者的論說雖非完美詳盡但亦理性創新，解讀在我國以至世界思想史上品位崇高價值斐然的《老子》，足以用上全部的心力、才力和情力。不難發現，敢於審視與反思曾為諸多大家竭力思索的民族性傳統文化典籍，花費的不僅僅是幾紙素箋的文字和一時意氣的膽識。哪怕是自圓其說，只要是言之有理，世人總會珍惜這一份不大不小的裨益。

（原載《中國圖書商報》2006 年 7 月 18 日）

重溫《論語》

　　20 世紀 80 年代末，75 位諾貝爾獎獲得者相約法國巴黎，聯袂宣言：「如果人類要在 21 世紀生存下去，必須回頭到 2500 年前汲取孔子的智慧。」在浪漫時尚的勝地達成溫古明經的共識，不難顯示：隨著經濟全球化的到來，一個文化全球化的時代即將到來，中華傳統文化將在文化全球化的進程中擔當起舉足輕重的作用。作為中華傳統文化的核心代表和孔子思想學說的重要載體，《論語》必定為知識經濟熏染的時人含英咀華。文選德在已是注家蜂起、解說紛紜的新時代，以淹雅的學養器度、堅實的古文根柢和遒勁的寫作筆力，熔鑄現代人的意識和使命感的眼光，在對《論語》的重新注釋中提出諸多新的見解。

　　《論語》是「語言的論纂」，是一部言行錄，主要是孔子弟子及其後學追記孔子的言行。其內容以倫理教育為主，涉及哲學、歷史、社會、經濟、軍事、文化、藝術、宗教等諸多方面。特別是以「仁義」為核心的，忠、恕、孝、悌、寬、信、敏、惠、智、勇、剛、毅、溫、良、恭、儉、讓等道德規範，或者說從樸素的自然法則中演繹出來的生命的大智慧，確實達到了一定的高度和水準，時至今日，仍不乏借鑒意義和實用價值。作者認真地研讀充滿「之乎者也與焉哉」的孔丘聖人儒雅言語，品讀簡練流暢、雍容和順、迂迴含蓄的儒家學說行文風格，悟讀內容豐贍、用意深遠、著眼獨到的久傳不衰時代慧語；詳盡地探析孔子關於如何做人、處事，如何

求官、從政、忠君，如何愛民、保民、親民、仁民、富民、育民、福民的寶貴經驗和教導。

孔子的一生是偉大的一生，其思想學說是以「仁義」為核心的德政與禮治，其天道觀是唯物崇尚自然的，其人生觀是重實踐、重人倫、重內省而積極投身於社會現實，其教育思想是有教無類、因材施教、教學相長、循序漸進、啟發疏導的普及教育，其經濟理念是「均無貧、和無寡、安無傾」達以得民安民，其軍事思路是「足兵」、「武備」以反對擅滅人國、擅滅人祀的戰爭征伐而不一般地反對所有戰事。同時，孔子窮其大半生的精力，立杏壇以授學開私人教育之先河，救典籍於整理弘傳統文化之流播。

「三千徒弟子，七十二賢人」，成就了孔子「萬代師表」的悠悠英哲名；《詩》、《書》、《禮》、《樂》、《易》，彰顯了聖人「世界先賢」的熠熠赤子情。孔子仰其憂患心思與情懷，誦諸道義仁德文章，影響千秋，彪炳萬里。以「仁義」為內核、以「中庸」為準繩的倫理哲學，以及以「格物、致知、誠意、正心，修身、齊家、治國、平天下」為理想的儒家學說歷經兩千多年的風霜雪雨而長青猶茂，成為中國社會的立國安民思想。作者在精心詮釋《論語》時，顯其瑜亦不掩其瑕，客觀冷靜地運用馬克思主義辯證法觀點，潛心審察由於時代局限致使的孔子思想學說不可避免地帶有的消極因素和負面影響。

《論語》是一部年代久遠、體量博大、內涵豐富、道理深奧、文字怪僻的中國古文化經典。文選德不顧年過花甲，懷天下憂樂之心，度人間正道之曲，焚膏繼晷，皓首窮經，從學術思想的角度和層面，導引知識經濟時代的人們重新閱讀中華傳統文化，繼 2003 年推出《〈道德經〉詮釋》之後又寫成了《〈論語〉詮釋》（湖南人

民出版社 2005 年 5 月版）煌煌大書，以其理論建樹和實踐關懷為現
代化中國的社會主義道德體系的建設做出了不竭的努力和顯著的
貢獻。

　　誠然，尊孔讀經的時代已一去不復返了，但，孔子在中國乃至
世界文化中的地位是極為耀眼的。在《〈論語〉詮釋》中，作者採
天下已然精華，而又發前人未發之覆，睹今人未睹之秘，融會古今，
形諸道德篇章。同時，作者以充溢勇氣和毅力的學人風範和仁者精
神，於不倦而清醒的詮釋中，激勵國人對孔學精髓《論語》加以珍
視和傳誦，用現代人的思維和眼光於以虔誠的審視與弘揚。所以說，
作者在《〈論語〉詮釋》的通俗曉暢文字中，流淌的歷史感悟性情
和理論思考視角是難能可貴的。

（原載《人民政協報》2005 年 8 月 22 日）

歷史觀照下的唐詩學研究

　　唐詩學研究，指的是研究唐代詩歌、詩學在一個時期為人們解讀其閱讀、批評與寫作的特定接受過程，其中有這一時間內的政治、經濟和文化等諸多社會因素的影響，也有經受唐詩語言、思維與思想等數重內質熏染的成分。在傳統閱讀視野中，唐詩、宋詞、元曲以及明清小說的說法，緊密地把某一歷史時期和特定文學體裁進行了連繫，然而隨著時間的推移，前代文化基因在後續創作中依存著很大的影響和意義。張紅女士綜觀元代唐詩學的研究與元代詩歌、詩學的互動作用，把作為唐詩學重要部分的元代唐詩學作了有效思考及理性把握，以史識與智識的視角觀照了元代唐詩學的發展歷程和具體狀況。

　　雖說明人李東陽說：「詩太拙則近於文，太巧則近於詞。宋之拙者，皆文也；元之巧者，皆詞也。」胡應麟亦稱：「宋人調甚駁，而材具縱橫，浩瀚過於元；元人調頗純，而材具局促，卑陬劣於宋」，元詩「其詞太綺縟而厭老蒼」。而元末楊維楨認為：「我朝古文殊未邁韓、柳、歐、曾、蘇、王，而詩則過之。」明代詩人對元詩創雖有微詞，但是，元時詩人「舉世宗唐」的詩歌創作觀，在宋、明兩朝的唐詩創造觀念的轉折上，使得元代唐詩學成為了由宋返唐的通道與自唐入明的門戶，也成就了元代詩人創作詩歌、研究詩學的成績斐然。宋、明兩朝的觀念相差很大，元人卻以「舉世宗唐」的詩學理念在文化意義和社會價值上完成了審慎的理性對接。《元代

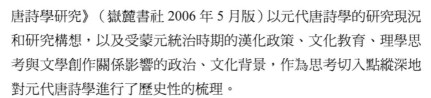

唐詩學研究》（嶽麓書社 2006 年 5 月版）以元代唐詩學的研究現況
和研究構想，以及受蒙元統治時期的漢化政策、文化教育、理學思
考與文學創作關係影響的政治、文化背景，作為思考切入點縱深地
對元代唐詩學進行了歷史性的梳理。

　　元人「舉世宗唐」的詩學意義和文化意義，於數百年後的今天
觀照蒙元時期詩歌創作與詩學研究有著導引性價值。作者綜觀元代
唐詩學所呈現出的地域性特徵，努力辨析分別以大都、江浙、江西
為中心的三大文化圈中不同宗唐派別的異同，發現宗唐教化派、宗
唐格調派、折衷唐宋派以及宗唐性靈派雖在唐詩觀念以唐為宗，但
又在宗唐的角度與目的等諸多方面分別延續和發揚自己對唐詩認識
與理解。文學藝術的創造和接受，是一次見仁見智的二度創作，不
同的悟識，不同的解讀，留給傳承者的不僅僅是繁榮和昌明，還有
衰退與弱化。正是基於此，潛在地影響著元代唐詩學的階段性發展，
為系統考察元代唐詩觀念流變的形成期、鼎盛期、蛻變期的特徵及
宗唐諸派具體演化提供了分期材料，同時為重點把握各個階段重點
詩論家的唐詩學思想作了一次較大視野的思考。

　　元代雖是中國歷史上一度統一的一個時期，但屬少數民族入主
中原，經受孔儒學說與華夏思想浸染深厚的漢民族在骨子裏的排外
情結日益強硬化，蒙元統治者與中原以漢人為首的各族人民總是存
在著不可調和的矛盾與鬥爭。從而，致使後世史家與讀者認為元代
文治遜色於武功，無論是文學創作，還是學術研究，除了雜劇能獨
有斐然成就，其他只是零星點綴。其實不然，在中國文學史的發展
歷程中，元時文學以雅文學的一統轉向雅俗分流，於其文人群裏產
生了一種自覺趨俗的傾向，同時又興起一種崇尚典雅、復歸文雅的
詩文思潮。作者不以元代雜劇、散曲的製作以及話本、講史的搜采

與編集為研究對象，而是緊緊抓住元代詩文創作和評論在「宗唐得古」的思想影響下的具體表現，在時人尚未開發的課題中盡可能充分對元人評論與研究唐詩方方面面的材料進行理性思索與認真考察。

　　前朝宋人學習唐詩，以故為新，辟出屬於自己的詩歌門徑，使得宋調與唐音有著一定的歧異。雖於南宋中後期意欲復倡唐音彌補宋詩弊習，但只是進入有元一代才以「宗唐得古」之風勁吹詩壇達成共識堅實唐詩傳統的典範形象。作者認真辨讀元代詩人與詩歌內容，解析元代唐詩學內涵，把元時代宗唐的四大流派（宗唐教化派、宗唐格調派、折衷唐宋派和宗唐性靈派）、三大地區（北方文化圈、江浙文化圈、江西文化圈）在元代「宗唐得古」思潮影響的進程下按三個時期一一詳論，以自己較為真實與謹嚴的思維和思想為元代唐詩學發展的風貌及質性作了一次史的說明。中統、至元時期是元代唐詩學的形成期，天下一統，統治者開始了由漠視漢文化到吸納漢文化的政治轉變，儒士們經歷了由「華夷大防」向「以華變夷」的命運轉化；但，漢化政策的推行使得儒戶免除了俘籍與兵役，恢復了一定的社會地位，擁有了從事學術思考與文藝實踐的些許時間和精力。時任帝王世祖忽必烈尊崇儒學、傾心漢文化，是蒙元時期第一位全面實行漢化的君主，積極引領儒者文士為實行漢化、推行文治而殫精竭慮。是時三大文化圈與四個宗唐派於學唐風盛的機會中形成，一邊詆斥江西詩弊與矯正四靈、江湖褊狹趣味，一邊強調「情」「興」回歸詩歌發抒情懷功能推動「宗唐得右」的詩學思想全面展開。以郝經、王惲、姚燧、劉因為代表的宗唐教化派因其理學背景和政治身分的緣故，為「宗唐」提出了「以音觀世」建立大元盛世之音與「宗經」以述王道、美教化、厚人倫的正統儒學詩教

思想；以江南文士戴表元、仇遠、牟巘、趙孟頫為主將的宗唐格調派有感於宋末詩歌弊習，更多地從詩歌藝術的角度推崇唐詩風範，內重風骨、精神與性情，外循聲律、格式和辭章，以唐詩為一種典正的藝術模式深加標舉；以王義山、劉壎、吳澄為精英的折衷唐宋派多系江西文化浸染良久的詩人學者，經受江西詩壇衍流餘風與宗唐得古詩潮時風雙重輕拂，不主一格，不拘一師，試圖於唐詩、宋詩之間找尋到深層次的因革關係；而以趙文、劉將孫、楊維楨以及倪瓚為傳承的宗唐性靈派尚情尊己，通於唐詩精神，取法唐人重性情、重感興的創作方式，而無意於追摹唐詩「雅正」的風格來規範自己的情懷與詩意，在對唐詩的解讀和接受上傾向於獲得詩中活躍而流動的生命力。元代唐詩學的鼎盛期是大德、延祐至天曆時期。其間統治者如仁宗雅好文學、崇尚儒術、昌行文教，促成元代理學興起並與文學融合，導引時人於審視「理」的同時注重文學藝術的具體內涵和獨特價值。延祐之治，暫時間地消解了遺民的情緒，推動了文道合一、南北融合的文化進程。「雅正、升平之音」徹鳴寰中，「宗唐得古」達至極盛，「雅正」「宗唐」相倡，形成了元代特有的詩歌藝術風格。雖然此時一代「母音」尚未得以最終確立，然上至朝廷館閣文臣，下迄民間布衣文人，無以不是以推動唐詩學研究開拓更為廣闊的空間。袁桷、元四家（虞集、楊載、范梈、揭傒斯）和歐陽玄之流以自己的見解和視角尋思大都「雅正」之音，而以折衷唐宋派與宗唐性靈派為代表的江南儒者文士集團也在不同程度上尋找唐詩學現時代的最佳研究和發展。作為元代唐詩學的蛻變期，元統、大正時期，君王昏庸，政治腐敗，戰事頻仍。身處衰離亂世，元末詩人的情感世界與唐詩觀念隨之改變，是時對唐詩學的研究與思考已不能很好地進行了。前時在詩學上的倡雅正、鳴太

平已是一個遠去的夢。雖然在東南一隅，文人雅集，楊維楨、顧瑛、倪瓚及玉山詩人等人堅持在文學趣味和詩學觀念上追尋唐詩雅正遺蹤，在藝術化人生和性靈化人生的寫真中創造一影迴光返照，為明清性靈派乃至宗唐思潮發生了深遠影響。

正是由於元代不同時期南北詩壇文臣逸士從各自立場和角度「宗唐抑宋」，促使「宗唐得古」的思潮與主張不斷完善以至風行全國，更好地影響和推進了當代詩歌創作與研究的發展。在揭示元代唐詩學的基本特徵及在整個唐詩學史上的特殊地位的同時，作者對江西詩派的唐宋詩選本《瀛奎律髓》倡「一祖三宗」與嗜「瘦硬枯勁」的尊杜意識，第一部唐詩專史《唐才子傳》的思想淵源和美學趣味，宗唐派唐詩學最早範本《唐音》的刊刻、流通、體例、內容等一一作了具體的專題探討。作者把元代詩法類著作的盛行、唐詩觀與宗唐內容，以及在唐詩學史上的價值與意義進行有效把握，同時認真爬梳了元代唐詩學中唐詩史觀、正變觀、性情觀的特點與意義。張紅女士本著勤於觀察與樂於思考的唯物立場方法，堅持性靈飄逸和智勇並茂的創造性品格，在深究細研浩繁厚重的元代唐詩文化歷史積澱中，精煉感性的發現與理性的辨析、當下的臨場感與久遠的穿透力、文化的歷史煙雲與個體的生命感悟等貫通融會。曾經以為《元代唐詩學研究》難免詩歌史料和學術研究的枯燥堆砌，卻於邅邅的閱讀中感受了作者豐富與拓新元代唐詩學表現領域中的題材的探索性與開創新。能堅持以「宗唐得古」為研究和行文主線，既以獨特的學術心態拾遺不同於漫談的軼趣和格調，又有對以元代詩人為前列的先賢風範的當下意義與現時價值的羅列建構，還有作者對推進中國學術研究現代化進程的情感體驗和理性觀照。

　　每一個風雨時代，每一個擾攘區域，也會因些時代人物的獨創性思考與研究或多或少地形成一道獨行特立的文化風景，盡情凸顯其傲然宇內空絕前後的時代精神和歷史底蘊。熟知西方文化的讀者都知道，西緒弗斯不倦地輪迴推進巨石，為古希臘神話增添了執著的色彩。今時，張紅女士無怨地用青春和精力檢索元代唐詩學發展脈絡及其承前啟後的關係，悉心闡釋和考察元人在評判與接受唐詩的同時對唐詩的種種借鑒及研究，以物質形態的詩歌與詩人研究作為「阿基米德支點」撐起了精神形態的元代唐詩學術研究品牌。也許《元代唐詩學研究》的問世，在某種意義上開啟了現代人具體研究元代唐詩學術思想和思維。作者一邊使其多情的才力積極從事對元代唐詩學作品和人品的感性洞察，一邊仰其流利的文筆努力吟唱中國傳統詩歌學術的理性思考，終於以一部融會靈慧心性和謹嚴文章的元代唐詩學研究新作庋藏機心與睿智，引領世人在憂鬱的市場經濟時空中重新發現一份清美的詩歌情懷和學術追求。

（原載《中國圖書商報》2006 年 10 月 17 日）

在圖文中審視明朝科舉

　　見到「明代科舉」的字樣，不由讓人想起八股文和賈寶玉，甚至更多的人物和事情。上承千餘年的中國正統教育，下啟數百年滄桑變化的東方命運，只因乞丐皇帝朱元璋和神算先生劉伯溫的處心積慮，使得不知有多少人事成就了悲歡離合。當然，也給既輝煌又悲哀的明清命途，餘存了一股濃濃的怨歎，也留下了幾紙素箋的文字和圖畫，哪怕是已經有了不少濁黃的歲月水漬。龔篤清長時間地摩挲有明一代的歷史，在著述出《黑白朱元璋》、《馮夢龍新論》、《明代八股文史探》、《八股文鑑賞》走俏市場的同時，推出《明代科舉圖鑑》（嶽麓書社 2007 年 10 月版），進一步編織夢想和風範，鑽研人棄我取的學問。

　　明代科舉，處於中國古代科舉發展的鼎盛時段，扮演了集大成的角色。自上世紀初廢除科舉制度伊始，人們就進行著對明王朝取士不二法門的反思，特別是 80 年代以來，海內外學術界發表專門研究明代科舉的論文已逾百篇，逐漸轉換視角進入審視。一些通論中國古代科舉和專論明代教育、政治、經濟和社會的史學著作，紛紛用大量篇幅思考明代科舉的優劣與弊益。尤其是，在進入新世紀的這幾年，數部專門觀照明代科舉的著作接連出版，使得人們在同情范進們悲痛的同時，不再簡單地痛恨八股取士磨滅人性的異端歷史。

　　科舉制度下的官員們，不少是聰明的低智商者，含辛茹苦幾年甚至幾十年，為的只是顯耀門楣，求的更是要要官府衙門高高在上

的威風。那些不習慣考試的才子俊傑，往往沒有幾個不是尋花問柳的浪蕩兒，偏偏寫了幾句風花雪月就是嘯傲人間，幾乎有名的倡優都是為這些人所親近而聲聞千古名耀一時。倒是，大多廟堂人物都是科舉出身，精明強幹，常常是睿智傾囊良籌盈幅地效忠國家服務人民。明代有所作為給民謀福祉的大人物小官員，可以說都是科舉制度的生產兒，雖然言行中的迂腐和愚癡沒有少，但骨子裏的傲氣和才氣依然洋溢，更多的是巧妙靈活的精彩，其中不乏銳意進取創新圖強的擔當精神，真正實現了個人價值和讀書人的作用。

龔篤清的《明代科舉圖鑑》，沒有激情張揚地為明代傑出人物或委瑣靈魂寫實，而是平靜地借助能夠充分映射明代科舉的圖樣，插配在文字之中自然流走，帶著讀者在彌足珍貴的史料中，讀到作者對明代科舉制度相關的一系列問題的認識與理解。重溫一段漸已久遠的歷史，不能是單純的評判，如同聽某一位學術明星的品讀心得，或看某一篇理論文字的遑遑評說，都會無濟於事。如果能在實物的說明下進行深入的認識，或許能真正一窺全豹，多多少少有了幾分收穫與遐想。

《明代科舉圖鑑》從漫話隋唐以降直至晚清的歷代科舉開卷，把封建時代中國教育制度的濫觴、定型、完備、中衰、鼎盛與衰亡，作了一次史觀上的梳理。前前後後數以千萬計的士子，為了能出人頭地，手持「四書」、「五經」讀得頭晃身搖，全然忘了日夜輪迴以及堂上的父母、閨房裏的嬌娘。你說他已經如癲似狂了，他卻沒有停止一時半刻對功名的追求；你道他是在讀聖賢著作，他的人性近乎扭曲得面目全非。一旦到了金榜題名時，更是欣喜若狂，一時的榮耀讓他換位成了曾經追夢的明星角色。不同朝代的當政人物，從前是從科場走上天子堂的，今天更是為皇帝培養、識別、控制、

選拔和豢養人才不遺餘力。朱明皇家自是造就了峰巔時代，讓整個社會流蕩的全是科舉的氣息。無論是民間士林，還是鄉井村落，凡有飲井水處都有柳詞的時代，早已為八股文取而代之。朱元璋沒有讀過幾句書，卻會吟一串土語俚話的通俗文字，更是帶著子子孫孫完善了儒家道德教條和中國傳統教育體系，他們的孔孟之道，既能暫時克制士子人性貪欲走向修善，又為家傳天下找到了一批能幹的人才和忠實的奴才，並且成就了地不分南北、人不問老幼、家不論窮富紛紛投身科考的蓬勃局面。有顯親揚名天下知的，也有白白了鬢髮還在抖抖擻擻做文章的，連荒野上凍死餓死的窮秀才手頭，都是一本寫滿「孔曰成仁，孟曰取義」的破書。

　　八股文的寫作好壞，往往決定了一個考生的命途，它有它的經學範疇和道學味道，也有它的行文格式和形態走向。初始時期的八股文，打破了洪武初年科舉與薦舉並存的選人格局，表現了朱元璋「治本於心」的政治用心，翦滅群雄的過程使他明白了治世先治人、治人先治心的道理。承傳元朝的科舉制度緒餘，已不能滿足他的統治了，他要以傳遞儒家思想文化精神的程朱理學，來為新生朝廷遴選可用而好用的人才，杜絕魚肉百姓、貪贓枉法頻頻發生的現象。作者具體把握了明代特色股取士的因緣，破解了朱皇帝創制八股文的目的，並且行之有據地辨析了八股文科舉發明權的歸屬問題。明代科舉如同成蔭大樹，庇護了朱氏一脈坐享 270 餘年的榮華富貴，也讓後來的大清帝國分享了幾分餘熱，難怪乎文治武功集一身的康熙乾隆甚是羞澀。幹壯根必旺，循著作者認真解讀明代科舉創制和洪武天子用心的筆墨，不難發現追根溯源的魅力。

　　取士求才，是明代科舉真正受益者的目的。統治者們訂立條條框框，也是希望那些曾經經受儒學薰染的士子們，能正確履行政令

暢通的責任和行使，為國家的長治久安提供堅實的財富保障，讓老百姓不在繁重徭賦下怨言載道。教育模式是帶有束縛性的，非定向的培養童生、生員和監生三級學校制度，嚴格的鄉試、會試與殿試三級考試制度，也常常使後人想知道一個具體的究竟。淪為科舉附庸的明代學校戕害學生的事實，作者沒有迴避，同時條理清晰地將明代學校體系、考試制度作了系統的解說與剖析。明代科舉的利弊，我們現在很難作出具體的評判。扭曲本為天真淳樸的人性，殘害自是青春激越的赤情，八股文的罪過是不會湮滅的；但回首歷史，那個年代傑出的治世能臣李東陽、保國英雄于謙、抗倭名將戚繼光、改革大才張居正、科學巨匠徐光啟，和一大批以文章傳世久遠的人們，沒有一個不是在三級學校、三級考試中走過來的。明代科舉制度的形成和發展，給當時的統治者招賢納士提供了一個篩選、過濾的通道，也為當時國家和人民準備與創造了一系列希望。作者的思路和行文是清晰縝密的，無論是具體到貢生中歲貢、選貢、恩貢、納貢和拔貢幾種釋名，還是談論會試的規制、費用、考法、內容以及錄取形式。毋庸諱言，八股文的興起為當政檢驗、衡量人才，提供的是一方試金石；勿容質疑，所產生的作用和影響，在當時是其他手段難以企及更是無法替代的。

　　明代八股文不是沒有變化的，小品文、戲曲文藝甚至小說創造，或多或少影響著它的文學走向。作者把八股文定性為明代科舉制的靈魂，在全面分析八股文的釋義、異名特徵、文體、題目、構題、作法和演變的基礎上，詳盡地論證了明代八股文的文學化趨向。在作者看來，普遍文學化的趨勢，決定了明代八股文的最大變化。事實證明亦是如此，隆慶、萬曆過後，朝政腐敗，人民困苦，士子的思想受到了巨力的震撼與衝擊，開始在程朱理學的鐵鍊之中掙扎出

來，集體式地衝破八股格式，直至「皆不知八股之何謂矣」（顧炎武語）。正是因為一個正統文體形式的轉變，給晚明時代的八股文和其他文體，傾注了一股旺盛的血液。這一時期的小品文、詩歌、戲曲，更是佳作迭出，其中帶著八股文的痕跡，卻不失勃勃而發的衝勁。在科場失意的馮夢龍、凌濛初、羅貫中、施耐庵、吳承恩，寫起小說來瀟灑自如，又不時遺留出淡淡的哀怨和濃濃的遺憾。

明代科舉時代的中國，注重的還是如何把封建制度發揚光大，卻把中國一步步推近國力衰退的邊緣地帶。如果把明代科舉放置在當時世界形勢的大背景下考量，它充當專制皇權和與之相適應的官僚制度實現統治的得力工具，是無法改變的鐵的事實，其對當時社會發展所起的消極作用更是不容低估。沒有道德底線的人格喪失，延誤中國生產力與生產關係的發展，從根源上說，當時統治者落後保守的治政理念和專制制度，應是造成這一切流弊和負面影響的深層次原因。但，作為一種教育模式，明代科舉卻有著可愛的一面。

活在塵寰之間，能有幾人不是對功名念念不忘，陶淵明也好，李太白也罷，還是明清八股文風下的失利者們。隨著長江黃河狂瀾不斷逝去的歷史，有些驚心動魄，有些暗淡無光，更多的還是被塵埃封存或為人們誤解的人物和事物。昔時為了跳出困境在獨木橋上擠來擠去的人兒的確很多，也留下了不少讓人憎怨的點點滴滴，而明代科舉畢竟托舉起了東方中國的一時強大，遺憾的是後來人受不了歲月的沖刷。今天，我們已經跳出「應試教育」的怪圈，全面推進素質教育，應當珍惜機遇直面挑戰，把當下高考教學和學歷教育，不要純粹地理解為謀個好職業、得到高薪水的跳板，否則，就會無法順利推動中國特色社會主義的進程。對於明代科舉，我們不能從表面現象上畫定異端的圈圈，最起碼可以為當下和今後的中國教育

找到一面或正或反的鏡子，於正取其提升能力的精髓，於反不進入中傷人性的誤區。明清科舉的真實面目是否還能還原，我不知曉，也許龔篤清也沒有這方面的研究打算，但在他皇皇 70 萬言的《明代科舉圖鑑》中，我們能夠看到一些歷史殘留的難得的文獻資料，跟著在他的認識發現科舉不再是面目可憎的怪物，至少找到幾許光彩熠熠的地方，如在求取功名的面前，人人是平等的。《明代科舉圖鑑》不時張揚知性的亮度，散發人文關懷的理想和溫情，圍繞明代科舉的興起與演化以及對中國發展的影響，冷靜考察八股文的文本結構和思想品質，有效地為人們印象中的八股取士訂正品位，並情有獨鍾辨證當前認識明清科舉所面臨的新問題，形成一部兼融史料性、現實性、批判性與科學性的創新型文化學著作。龔篤清在代序中說：「科舉已成了沉落在地平線下的夕陽，只在天邊留下幾抹蒼涼殘紅，時代的風尚喜好更將其弄得非驢非馬，面目全非，但一種專屬於它的格調與精神，仍傲然挺立在歷史的長河中，射出不可掩蓋的光華。」我們行進在科學發展的和諧時代，也應有著為中國的民族復興與大國崛起，攜手求取更大的功名。

（原載《湖南日報》2007 年 12 月 28 日）

母性的勇敢與冷靜

　　真正的母性，不僅僅具備女人特有的溫柔與堅強，而且更多的是獻給孩子的赤情和勇氣。這些無與倫比的慰藉、期待及愛戀，慢慢地，就留在了孩子的內心深處。曾有不少文字向歐洲讀者詮釋一個中國知識分子見解的龍應台，與兒子聯袂寫出集有 35 封家書的《親愛的安德列》，談對近期生活的議論，對社會新聞的理解，對現實人生的思考，甚至談彼此對性、藥及搖滾樂的認識，後於 2008 年 12 月由人民文學出版社引進推出，觸動了許多為「親子」之間的隔閡與衝突長期困惑的父母、子女的神經。在自由、平等而相互尊重的交流中，龍應台「認識了人生裏第一個十八歲的人」，安德列「也第一次認識了自己的母親」。其中龍氏所表現的真摯母性與母愛，絲毫不亞於三月春暉。正是有了此書的廣泛傳播，使得隨後上市的三聯版龍氏著作《目送》、《孩子你慢慢來》，受到了廣大讀者歡迎與好評。

　　龍應台作為一位東方文化熏染的母親，用真誠的知性文字，詮解了生養孩子的親身感受，盡情地彰顯了人性最為本真樸素的色彩。同樣為公共知識分子的奧麗亞娜・法拉奇（Oriana Fallaci, 1929-2006），早於 1975 年便首版自傳體小說《給一個未出生孩子的信》（毛喻原、王康譯，上海三聯書店 2010 年 3 月版），如實地展示了一段刻骨銘心的孕育歷程。雖然即將出生的孩子，由於母體受傷引發敗血症，不得不被引產，但其中對情感經歷的寫實，對孩子生存

的充分想像,靈動深情的字裏行間雖有不少凝重的成分,但法拉奇母性的崇高與不平凡,映藏其中,淋漓盡致,懾人心魂。

　　義大利知名記者、作家法拉奇在工作上近似癡狂,於生活中如同異數。採訪中渾身釋放無限激情的她,發誓一輩子不會結婚,也不生育,並為人們製造了「事業是可愛的,愛情是可笑的」的名言。但在 1973 年,法拉奇採訪被釋放的希臘抵抗運動領導人帕納古里斯時,她收斂了桀驁不馴、藐視權貴的生性,被那個身材矮小、其貌不揚、能寫些詩的反強權鬥士徹底征服。兩年過去了,她為頗有大男子主義風度的狂人懷孕了。然帕氏獲悉後,不但沒有喜悅和撫愛,而是通過為數不多的幾次電話,在嘶啞、結巴、顫抖的聲音中傳遞冷酷的建議──不是報以長時間的沉默,就是或問打胎費用如何分攤,並建議兩人各出一半;或表示懷疑,讓已是 47 歲高齡產婦墮胎,等到下一次再懷⋯⋯一次次打造利刺戳傷愛人寬容的心。剛毅的法拉奇不顧世俗的冷眼、親人的不解,義無反顧地孕育孩子,並以低沉、舒緩的筆調,紀實孕中的悲喜、掙扎及淡淡的哀傷,似水柔情,卻沒有遮掩住勇敢母性的激烈情愛、冷靜思想。

　　雖然孩子最終沒有來到近似冷酷的現實環境,也沒有去踐行法拉奇異常理智的擔憂,但是,從法拉奇發現子宮中已存在一個尚不知是男是女的生命開始,就在為孩子解說世界上的艱難酸辛,其中有對道德、理念、信仰、經濟、政治與文化等諸多問題的深度涉及。也許有些觀點顯得偏激,然亦是善良母性的平靜、困惑而非毫無根據的思索。她曾長時間採訪越南戰爭、印巴戰爭、中東戰爭與南非動亂等人類敵對行動,又愛上了追求自由民主而為獨裁勢力追殺的英雄主義者,使之擔心孩子來到充滿不公、專制、爭鬥與狡詐等種種隱惡的社會,或要迎著滿布荊棘泥濘的坎坷長途艱難而行,或要

陷身多般美好圈套中難以脫身，或因生存的引誘而會殺死他人，或為軍事爭端迫使驅遣而被人殺死。經過多番思想角力，她明白了無法剝奪孩子生存的權利，哪怕是面對護士對未婚媽媽的鄙夷、愛人對受孕的自己殘酷無情，甚至連生養過她的父母也只有一紙不冷不熱的普通問候。她果敢地選擇了要把孩子生育下來，同時實行「我」對「你」的母愛傾訴。

懷孕的女人是幸福的，也是極為辛苦的，她不僅僅要面對痛苦一時的生產，還得長達數月地承擔無可奈何的、男人難以體驗的劇烈反應。一邊看著胎兒成長圖片，一邊感受世俗與工作壓力的法拉奇，也不例外。她有過生與不生的矛盾心理，也有過多種社會歷史擔憂，但在她從一顆受精卵的發育過程中，無時無刻不在渲染母性的純潔和無私。她有不少美麗背後的煩惱，也能因為此類精神傷痛，而隨著胎動生發不同的思想衝突，但她仍然不斷地為尚未出生的孩子，講說對諸多現實問題的思慮懷疑，諸如生命與死亡、情愛與憎恨、工作與權利、倫理與道德、義務與責任，那麼明晰，那麼深沉。

是書所取題材，為一未婚母親對腹中胎兒的傾心交流、繾綣愛戀，在文學史上極為少見。尤其是借助小說的形式，對女性特有的情感經歷展開平靜理性的想像，縱橫宕筆，騰挪有致，為此類文學的創造，奠基了榜樣性作品。平常我們寫母愛的偉美，多是頌揚如何為子女含辛茹苦、奉獻付出，不吝筆墨，委婉動人，即便有不少是對十月懷胎的禮讚，但罕見法拉奇式的思想與情感表現。

法拉奇寫給不曾謀面的孩子的愛，帶有無法抹去的憂傷，但富於生活哲理的言語，更是將成熟的母性發揮到了一個美的極致。此中的深刻與苦痛，只待我們仔細體悟，方能發現其歡喜憂愁。她的文字，雖散發著許多理的色彩，但穿插生活觀感、朋友交際、情人

電話、父母書信等，使得全文有著或美或醜的意趣。特別是其編造三個美麗的童話故事，如通過木蘭樹旁小女孩所看到的成年女子死去、吃巧克力的小女孩所感知的漂亮婦人生活、對未來充滿信心的小女孩對明天的懷疑，分別講述了拯救自己、尋求公正、創造勇氣的人生理念，具有著獨特而不隱晦的象徵意義和啟示價值，恰到好處地勾畫出了變幻莫測的世界。她就是她美麗的想像中，可愛的小女孩。她所看到的是尊嚴掃地、道德淪喪、價值體系崩潰，當然也有她對美好生活的期待和眷念，與對親愛孩子即將出生的鍾情、期待與歡欣。

是不是所有的生活都如同戰爭，是不是整個社會只存有不公平，法拉奇的認識也非絕對。如其非一名堅定的熱愛生活者，則她無法坦然面對死亡、解說死亡。她長期奔走在自由與民主的邊緣，用一顆赤誠的新聞良心溫熱了無數文化奇跡。她渴望愛情，期待堅定的愛情，即便是無情愛人落井下石，也堅強地欲生下孩子。雖然寫作此書，多有對社會現實的剖析與批評，也有豐富的故事虛構，但她作為一個優秀的故事講述者、現實思考者，塑造了很多催人清醒、引人反思的情愛真義，其中包括蘊涵其脆弱與頑強、擔當與責任的真誠懺悔。

法拉奇是世界新聞史上的傳奇人物，她採訪過瑪麗蓮·夢露、格里高利·派克、希區柯克和辛·康納利等好萊塢當紅影星，訪談過基辛格、阿拉法特、霍梅尼、卡札菲等多方面政治巨頭，具有提問尖銳、言辭雄辯、透視獨特、資料新穎的新聞個性，用尖刻刁鑽的探詢方式遊走全球。她始終保持追求自由、公正的文化態度，受到不少政要名流的尊重。在鄧小平生平大事年表中，有這樣一句：「8月21日、23日，會見義大利記者奧麗亞娜·法拉奇。在回答提

問時說，我們要對毛主席一生的功過作客觀評價。我們將肯定毛主席的功績是第一位的，他的錯誤是第二位的。」是時為 1980 年。當時，法拉奇對鄧小平直言不諱，提及不喜歡天安門廣場上的馬恩列史的巨幅畫像，尤其是史達林，堪稱暴政與集權的象徵。鄧小平表示理解，但「不會滿足」她「把史達林畫像從天安門廣場上取走」的「這個願望」。而在第二天早上，法拉奇發現廣場上的四大畫像不翼而飛。難怪其傳記作家聖·阿里科寫道：「要是有朝一日，有人在法拉奇的墓碑上寫上：此處長眠的就是那個取走了天安門廣場上馬、恩、列、史巨幅畫像的人，我想，她定會心滿意足。」

她是否能心滿意足，我不作臆測妄論，因為還有許多具備正義感、責任心的人堅持著和她一樣的、捍衛公正自由的選擇。但與中國有著特殊情感的法拉奇雖離世多年，而其文字如長篇紀實小說《男子漢》已有四五個中譯版問世，較好地傳遞了其英雄情結和認識；今毛喻原、王康翻譯的《給一個未出生孩子的信》，為我們真實地瞭解法拉奇的情感經歷與母性人生，以及其懷疑生命、無懼死亡的哲學思辨性，提供了一個閱讀文本曉暢、生活體驗貼切的機會，使我欲有更多的機會，接觸到「世界第一女記者」有些極端與另類的文字和思想。當然，我們身邊懷孕中、生育中的母親，讀到強悍女子的柔韌情思，或許能有更豐富、更合理的思考。

（原載《競報》2010 年 4 月 23 日）

西方搖滾史上不屈的靈魂

1986 年，在北京紀念國際和平年音樂會上，交響樂團小號演員崔健一身懷舊長褂、一曲《一無所有》，震撼了所有觀眾的耳朵和心靈，也正式拉開了中國搖滾樂的序幕。剛從「文革」壓抑、驚悚與麻木中走出不久的人們，似乎從這嚴肅而摻雜部分敏感話題的歌聲中，聽出了一片清新、驚醒又發自內心的興奮與慰藉，感傷和蒼涼。

是時開始，校園、酒吧、咖啡館裏的吉他手彈唱著崔健的歌曲，年輕人的青青世界貼滿了崔氏標籤的斑斕色彩。人們孤獨的心思裏，隱約多了各式各樣的朦朧懵懂的期待與憧憬。他們關注他的新創作，談論他的重音樂，也逐漸瞭解起影響崔健的、由非官方途徑傳入中國的西方搖滾，如甲殼蟲樂隊、滾石樂隊、Talking Heads 樂隊、員警樂隊等。

西方搖滾肇源於 20 世紀二三十年代的美國。當時的美國爆發了大規模的經濟危機，大範圍地經濟蕭條，影響到整個歐美世界。後來，二戰爆發、冷戰開始、越戰打響……接連不斷的戰事，持續打破貌似自由與民主、穩定與安靜的社會生活和人居壞境。人們徘徊在務工受壓榨，生活遭困頓，情緒裏也滋生了許多抗拒、反戰的成分。尤其是種族主義，雖然經歷了上世紀南北戰爭的洗禮和沖刷，但白人對黑人的歧視和打壓，一直未得停歇。即使聯邦法院判定黑人子弟可以入學，而州政府不惜動用大量警力攔截反制，引起總統

不得不派出數萬兵力進行干預。無辜的黑人服務員只因動作慢了些，就被白人少爺活活打死；黑人行使爭取來的選舉權利，而被白人勢力強加干預滯礙投票；民權運動領袖人物，被黑勢力槍擊在街頭；幾個可愛的少女，被兇殘地炸死在黑人教堂。如此情景，慪人心魂，激發了一代代、一批批來自民間的抗議歌手，吟唱起映藏現實、反映時代的抗議之聲，奔走在大街小巷、集會廠礦、酒館小店，甚至不屈地行進在遊行隊伍的前列。

他們大多有豐富底層生活經歷，都堅持著對社會、對人道關懷與疾呼的權利和頑強。他們的思想是激進的，雖有時不乏濃厚的小資情感，卻以勇敢堅強又開放務實的姿態，排演了西方搖滾樂史上的精彩和燦爛，同時催發了張鐵志繼寫好《聲音與憤怒：可能改變世界嗎？》之後，再次寫出《時代的噪音：從狄倫到 U2 的抵抗之聲》（廣西師範大學出版社 2010 年 10 月版）的鍾情、欣悅和冷靜。

張鐵志在《聲音與憤怒》中，把歐美 1960 年代視為搖滾革命的原鄉，逐一分析華麗搖滾的情欲革命、龐克搖滾的憤怒吶喊、搖滾對抗種族主義的悲烈，說明西方搖滾樂的反叛、虛無、自由和警惕，並揭示反戰歌聲因為戰爭不止而不會結束、搖滾行動主義的反全球化傾向，以及搖滾巨星與挑戰全球化表現在音樂激進主義上的調和。他重點回顧了歷史上搖滾樂同社會運動的關聯，並不時叩問、反省音樂介入政治的各類實踐途徑的可能與局限。

而在《時代的噪音》中，張鐵志不再重點詮釋不同搖滾類型的行為與宗旨，而是努力刻畫左翼民歌時期、60 年代與 70 年代至今三個時期傑出抗議歌手的選擇和堅持。雖然他無法看到那些憤怒的光影和聲音，也不可能改變存在世界的種種隱惡，但似乎從喬·希爾·伍迪·格斯里、皮特·西格、鮑勃·狄倫、瓊·貝茨、約翰·

藍儂、帕蒂・史密斯、衝擊樂隊、布魯斯・斯普林斯汀、比利・布雷格和 U2 發出的樂音與噪音中，發現了更多披露現實艱難、種族爭鬥、生命頑強的內涵。他將搖滾、政治與文化結合一體，進行新形式的寫作，重溫波希米亞反叛文化與社會運動融會的真實歷程，也提醒了我們如何面對政經結構和文化想像，怎樣不會遺忘從伍迪、狄倫到斯普林斯汀所振奮的艱難時世。

伍迪是美國史上最出色的民謠歌手，被稱為「創作民謠之父」，雖只活了 55 歲，但他堅持「唱人民的歌，為人民歌唱」，給後世留下了兩千多首民謠，為生存在幽暗時代的人們，帶來了力量、信念和反抗的決心。他一生漂泊，長期潦倒，無窮盡的流浪生活，使之用樸素的詞句、真實的題材，唱出了各地貧民窟的實景，唱出了他對愛國主義和社會主義的理解。人們傳唱他的《這是你的土地》，傳頌他用音樂表現勞動階級與生活搏鬥、對抗壓迫的美國精神，傳播他把民歌變為訴說人民故事、批判現實社會的武器的創新，更是感念他在建立起一個偉大的抗議音樂傳統的同時，成為了狄倫等一大批歌手成長的基石。

年輕的狄倫有些稚氣，但他來到伍迪的病榻前，彈唱起《給伍迪的歌》，把對前輩的敬意、受風沙磨難的沉毅，一併裝進了疾走漫步的音樂人生。他沒有辜負伍迪的期望，創作出《隨風而逝》等一系列抗議歌曲代表作，成為了這一領域的形象代言人與靈魂式歌手。然而，一切的狂熱、沉默、冷寂和不關心，使他變得冷靜、清醒了。他要用心靈唱歌，從人們熟悉的民謠詩人、抗議歌手的角色向搖滾客轉化，而使左派們感到了極大的失望和憤怒。我們對於他對最初的反叛，不能簡單地視為是抑鬱墮落的表現，可以看作為接近理性、忠誠良知的實驗。但命運之神卻多次折磨他，深愛的女友

離他而去，致命的車禍使他提前結束了音樂人生，他除歌聲還留在人們的記憶中外，不能像摯友貝茨那樣經常出現在工人罷工和組織的地方，也不能如前輩西格一般年近九十還聯袂斯普林斯汀演唱在歐巴馬就職典禮前的演唱會上。他所有的，也許只有「一塊滾石」的內涵和風采。

被人們稱為「老闆」的斯普林斯汀，自1970年代以來大紅大紫，至90年代仍光彩照人、餘音清心。他歌唱社會的變遷、生命的脆弱，揭露政府的病態、移民的窘困，訴說勞工階層的日常生活、夢想和挫折，詢問人民福祉、種族主義、自由人權的根本何在。他積極介入社會鬥爭，參與聲援南非的曼德拉、國際特赦組織宣揚人權的巡迴演唱會等，但他沒有像伍迪、西格那樣結合左翼社會和文化運動而歌唱，而是追隨狄倫堅守獨立的尊嚴和自主的權利，始終保持新時期搖滾巨星的姿態。同期的其他搖滾歌手，大都恣肆地宣揚性和毒品的混亂和無題，而他著實體現了一個真正搖滾音樂家的傳承、操守和擔當。

張鐵志在《時代的噪音》中論述的人物，大多是美國本土歌手，也有不少屬於親歷美利堅的外來分子，但他們的命途卻極度坎坷。希爾是來自瑞典的移民，幾經雀躍後受到民眾歡迎，而遺憾的是慘遭誣陷致死，只留有短暫人生成就了抗議歌手的典型；披頭四藍儂曾在英國掀起了「甲殼蟲」熱，後帶著追尋愛與和平的夢想，來到美國，屢造行為藝術讓人匪夷所思，可惜在一次歸家途中，被人槍殺在自家公寓的門口。

不論原籍何處的歌手們，他們都始自為人生理念和藝術夢想奮鬥著。他們採來不同題材，演繹一個振奮人心且情不自禁的精彩；同時，他們憧憬著共產主義的勝境、關注著美國共產黨的成長。發

人深省的是，在抨擊種族界限、爭取黑人權利的猛士中，大多為白人，而部分黑人為了所謂的黑權，熱衷於黑白分離。雜居的整體世界，能被分離嗎？

在這些忘生死的民謠英雄、搖滾戰士中，貝茨和史密斯兩位勇敢的女先鋒，是值得我們肅然起敬的。墨西哥移民後代貝茨，受狄倫影響，長期地奔走世界各地，用歌聲抗議戰爭和暴力。即便身懷六甲、愛人被誣關進監獄，她也以不妥協的風姿從容應對。近半個世紀過去了，她仍保持著對社會正義、人身權利與世界和平的信仰和實踐。史密斯將搖滾理解為一種屬於人民、擁有最原始能量的藝術形式，把詩歌、政治、心靈和革命力量熔鑄於激昂的歌聲中，激勵年輕人正確直面時代，尋找自由和解放、城市與反叛。她是一個堅毅的知性女人，不論是一生知己患病去世，或是給她支持、同她合作的丈夫早逝，她都勇敢地創造著搖滾美學震撼所有角落。

張鐵志用心地勾畫西方抗議歌手群英譜，最大限度地探秘推進社會發展的音樂力量之源，試圖從不同程度的音樂行動、連繫緊密的音樂故事中，透視抗議歌手們所處在的社會和時代，以及他們身上所體現的不妥協、非暴力的反抗特質與人道關懷。在鐵血和冷槍擺佈的世間裏，伍迪的吉他是不可能殺死法西斯的，布雷格的音樂無法抵抗資本主義，掀起龐克高潮的衝擊樂隊遭遇了躁動過後的失敗，U2核心人物波諾在環球貧困問題上不斷付出卻越走越艱難……但他們都是西方搖滾史上不屈而持久的靈魂，用音樂的力量、搖滾的震撼，依然提醒著反抗威權、嚮往自由、崇尚公正和捍衛尊嚴的人們。那漸漸離去仍又如此親切的歌聲，激蕩在給人溫柔和清醒的《時代的噪音》中，激起人們近距離看歐美世界的林林總總：自由、民權、法治、移民、勞工、反戰及種族主義……自然也能感受到喬・

希爾到 U2 平實而偉美的抗議之聲，從而會想起崔健的沉寂、唐朝樂隊的幻滅、周雲蓬的崛起，想起華語搖滾文化的境地和未來。

（原載《南方日報》2011 年 2 月 7 日）

走讀大中東

前不久，埃及首都開羅爆發自 2011 年年初「革命」以來最大規模的暴力衝突，數千名科普特基督教徒揮舞著砍刀、寶劍、燃燒瓶和石塊等，直接與開動裝甲車、手持衝鋒槍的軍警對抗。這就是為各大報刊國際版製造關鍵字：伊斯蘭革命、能源爭奪、以巴衝突、恐怖主義、反恐戰爭、「9・11」、美國插手……的中東。近一年來一系列大事：在突尼西亞當權 23 年的賓・阿里倉皇出走，在埃及專政 30 年的穆巴拉克面對了人民公訴，在利比亞獨裁 42 年的格達費被反抗軍逼走國門，基地頭子賓・拉登被美軍射殺後極度亢奮了歐巴馬，無不發生在這片土地上。

近日，敘利亞反對派示威浪潮日漲，折騰得巴沙爾・阿薩德政府顧此失彼，退守失據。阿盟在開羅召開會議，擬出「狠招兒」制裁敘利亞。以「國際警察」美國為首的北約國家把戰艦、航母開進敘利亞近海一帶，敘國盟友俄羅斯也不示弱，驅艦增兵來援助……這裏面有不想摻和的，有一旁看熱鬧的，當然也有起哄幫襯的。一旦制裁靴子落地，又一場無情的戰事「一觸即發」，多國勢力博弈將拉開。即將上演的大戲，不但要以敘利亞為舞台，也將再次震撼被世界生物醫學工程專家張信剛時刻關注的大中東。

這個地區，有著世界上最重要的戰略地位，最豐富的能量資源，也是武器裝備購買額最高、攻擊衝突熱點最多的區域。如此多之最，延伸成全球關注、當地紛亂的很多情景，接連上演在金字塔、獅身

人、塞利姆清真寺之間，使肇始農牧業和畜牧業、首創象形字和拼音字、發源城市文明和伊斯蘭文化的大中東，充滿了騷亂、恐怖、無奈和迷離。

世界文明的主要肇源之地，在日趨全球化、現代化的今天，為何成了恐怖分子愈發猖獗的大本營，為何有著這樣不斷的衝突、戰事和較量，為何一個小販自焚能點燃北非局勢的燎原之火，為何人均收入並不低的國家多次發生血腥的廝殺和對抗……需要我們去尋找和思索。張信剛帶著疑慮和困惑，感傷和理性，走進土耳其大學，走遍大中東諸國，把所掌握的大中東的歷史與文明，所瞭解的伊斯蘭世界現狀與前景，融會於獨特、冷靜和平實的思考中，用一冊《大中東行紀》（廣西師範大學出版社 2011 年 9 月版），記述不同國家、不同地區、不同時代的政治、宗教、經濟、文化、教育等的變遷，探究中東、北非、高加索等地區硝煙不息的歷史緣由和現實背景，從一個縱深的人類歷史角度、廣闊的國際政治視野，為我們展現了獨特而弔詭的異類風情。

並非歷史學家、考古學家的張信剛遊歷此間，描述真實，反映大中東人類文明的發展與局限，表現不同文明的衝突、融合和各種矛盾激化、彙聚的現實和背後，體現了一個跨文化的觀察者和跨學科的追索者的眼界和心境，厚度與高度。

張信剛認真觀察和思考的大中東，包括埃及、以色列、沙特等 16 國在內的傳統地區，涉及利比亞、阿爾及利亞、格魯吉亞等 15 國的外緣地區。其中有 23 個伊斯蘭國家，有 20 國屬於阿拉伯聯盟。他從地理切入歷史，以政治把脈宗教，「體知」伊斯蘭世界、阿拉伯社會及中東宗教社會，以橫跨東西的視野、學養、識見和真誠的人文關懷，客觀審視、反思和同情異質文化的歷史和格局。

　　史上大中東，經濟活躍，雖阿拉伯帝國後來併入許多遊牧部落和大量農民，但伊斯蘭統治者向來重視商業活動，統一貨幣，通暢道路，派出市場巡察員，設置商旅客棧，維護商業道德與秩序。統治者還定期直接傾聽子民的申述和要求。而至今日，除石油大國國民收入不定期偏高外，但單一經濟、石油價格不穩、非產油國等原因，致使經濟缺乏競爭力。同時，政治和宗教交織一起，伊斯蘭國家大多推行大權獨攬的「家天下」，拒絕現代民主，對抗西方文明，親西方和反西方兩種力量，在國與國之間、派與派之間展開博弈與對抗。伊斯蘭主義者掌權時，同西方歐美格格不入，伊朗革命領袖霍梅尼曾稱英美為撒旦。軍人集團建立的世俗化政權，在初期經常打壓宗教主義者，經濟政策上照顧中下階層，時間長了，家人、親屬連帶成了新權貴。宗教氣息濃厚，政治制度落後，文化傳統經受挑戰，社會貧富分化加劇，潛在激發了底層百姓的不滿、反對與暴力反抗。

　　張信剛從伊斯蘭文化和歷史的影響中切入，觀照百姓對民主、自由、富裕、權利和幸福的嚮往，期待伊斯蘭國家大批湧現「獨立判斷」的學者，在大眾接受的教法範圍內，尋找到一條可行的現代化途徑，引導全體伊斯蘭國家、整個阿拉伯地區，實現「伊斯蘭+民主+科學」的人文中東發展模式。

　　1963 年，張信剛準備赴美國留學，因美國移民法的限制，他向在衣索比亞從事醫療援助的父母求助。他來到衣索比亞，開始漫長的亞非之旅，開啟了他在世界各不同文明區域的學習、工作、遊歷和考察。他將科學知識與人文情懷，貫通於國際政治觀察中，向我們展現了區域裏的文明和落後，富裕與恐怖，神奇和誘惑，過去和現在。他選擇了與眾不同的方式，遊歷、觀照和思考似乎神秘的大中東。

在人類祖先的發源地衣索比亞，張信剛在國家博物館的玻璃窗櫥裏，看到了一副 320 萬年前的女性骨骼化石，聯想到全世界人類可能共同一個祖先。在這個 3000 年文明古國，張知道了希巴女王和所羅門王的兒子開創衣索比亞的傳說，感受了猶太人策劃空運數萬衣索比亞人至以色列學習、適應和奮鬥的史實，且在曾到處破舊、襤褸、荒蕪的古都貢德爾，看到了現代化的艱難進程。

希臘神話中說，愛神阿芙洛狄忒出生於賽普勒斯，讓它有了美麗的愛情傳說。然，古文明色彩，迷人的風景，使它先後成為赫梯人、亞述人、埃及人、波斯人、羅馬人的殖民地，奧斯曼人和威尼斯人為了它不惜拼死一戰，英國人曾多次從別人手中搶回它，希臘軍人在此推行的「民族主義」激怒了土耳其軍人。這個不到 1 萬平方公里的小國，如今還處在分裂狀態，使強悍的美國感到了棘手，也讓張信剛期待時間和智慧去解決整個問題。

有趣的是，對馬爾他擁有主權的騎士團，自被拿破崙趕出國土後，長期流亡海外，成為了沒有領土和人民的「主權體」。即便它能自鑄硬幣、發行郵票、開設醫院和救濟災民，能同世界上九十多個國家建立外交關係，成為了聯合國大會的永久觀察員，但它的總部曾長期寄居馬爾他駐羅馬的大使館，到如今也是租賃了馬爾他首都附近的一個三面環海的要塞之地。它在馬爾他共和國設有大使館……這使張信剛不得不相信中東國家內部架構和國際關係範式中存在的特例。

在土耳其，張信剛聞到了百年前伊斯坦堡的鬱金香氣。那是 18 世紀初奧圖曼帝國革新求變的象徵和符號。這個沒有任何宗教和種族意義的圖騰，幾乎影響了所有人愛用鬱金香形狀的茶杯。土耳其雖然是以穆斯林人口為主的伊斯蘭國家，雖然可以不時聽到清真寺

的召喚聲，但憲法規定國家公務員和軍人須嚴格遵守世俗化原則，不能宣傳伊斯蘭主義。總理埃爾多安曾因在一次政治集會上，背誦親原教旨主義詩句，被判違法，處以 4 月監禁和 5 年不得從政，其所屬的政黨也被勒令解散。如此強制性地捍衛世俗化政權，是一種希望和責任，也是一種無奈和抗爭，更是現代生存直接對抗愚忠傳統、迷信神權的半暴力行為。

　　而在傳承波斯文明的伊朗，張信剛感受了波斯波利斯、庫姆、大不里士、伊斯法罕等地的歷史和現代，文化和宗教，對這個行政、司法、議會、經濟、教育、文化、新聞和社會生活等皆由教士階層掌控的伊斯蘭化共和國，不無憂慮。2009 年的總統選舉風波，2010 年的反對派持續上街遊行，2011 年的阿拉伯世界的變革風潮……吹蕩起神權政治的危機，讓張寄望伊朗處理好宗教信仰、教士專政和社會現代化的關係，期待什葉派宗教學者為伊斯蘭教義下的現代化進程，找到一個清楚的答案。他沒有抨擊石刑非人性、反人道的殘酷，卻期待伊斯蘭文化能科學、文明地引導、護航中東國家的經濟社會的發展和文化現狀的創新。

　　張信剛從地理環境、歷史文明、宗教文化、現代經濟的現況著眼，從外及裏，由遠至近，自虛而實，一層層地發掘，一步步地深入，思考伊斯蘭文化下的大中東現代化轉型。他走進了葉門的亞丁灣風雲、蘇丹的分裂危境、摩洛哥的日落餘暉、亞美尼亞的歷史裂縫、阿塞拜疆的詩人與石油；經歷了尼羅河畔的埃及學，伊拉克的城市文明、敘利亞的遊走文化；置身在虔信阿拉、尊奉真主的政教聯姻的特殊文化社會；還花了 20 多元，在黎巴嫩一座生產了 700 餘年的小型工廠，買了一塊香料肥皂作為紀念……他用通俗有趣的文字，200 餘副清晰圖片，生動地托出了大中東神秘而非隱秘的歷史

和現在。他把這些都寫進《大中東行紀》之中，寫出了遊走於文明之間的歡欣與遺憾、期待和無奈、憧憬和慰藉，也寫清楚了伊斯蘭文化的特點和大中東人的性格、行為和堅守，讓行走在千里之外的我們，更加憧憬他們依託文化傳統，消弭內亂，結束紛爭，融入世界經濟生活，真正走上民主、自由、法治、公正、富裕與幸福的現代化進程。

（原載《南方都市報》2011 年 12 月 4 日）

甘地：一個偉大的苦行者

　　在中國文化中，儒家思想靈光煌煌者堪稱「聖」，法家傳世功業皇皇人尚曰「雄」。而在我們的思維中，印度獨立之父甘地則榮膺了「聖雄」桂冠。

　　一個能把織棉布、穿棉布當作一國人民的崇高美德的人，依憑的是樂此不疲的信念和身體力行的舉動。他勇於在困惑中起步，勤於在逆境裏跋涉，默然熔鑄獨立特行的宗教家仁厚襟懷和革命家雄渾魄力於一把鹽粒子與幾台紡織機之中，在強大的殖民勢力的冷光裏，驅盡災難與屈辱，把溫暖的金色陽光灑滿印度梵音浸潤與飄蕩的自由大道。

　　逝走的身影如同遠去的白雲，留下的是惋惜和讚美，還有無法抹去的精神和歌唱，在自傳體作品《甘地》（魯良斌譯，國際文化出版公司 2005 年 1 月版）中流走和延伸閱讀視野，發現之中不只是印度化的處世風格，在巨大熱情中還不時飄動潛化強烈仇恨的掙扎與執著。文筆平靜，中間充滿一種頑強的自信；思想平穩，隱約衝動一股威懾的力量。可能是 20 世紀最懾人心魄的精神領袖，靜靜地在沒有槍聲沒有煙霧中走近太陽性情中，就只有激情飽含的行為和不同凡響的聲音。

　　印度和中國雖為一山長隔，卻國情相當，都是在西方列強的欺凌和踐踏中感受生死對接的恥辱，同時在人身與人格面臨墨汁和血液摻和玷污的時節，拒絕了安於瞬息歡樂的沉默，選擇了直面長期

苦痛的掙扎。往往在不甘心屈卑的國民膜拜一種理想化的上主圖騰調理和麻醉魂靈片刻，偏偏有一精神支柱化作一抹歡欣國土的陽光振奮非天定身分的奴隸。

印度的甘地信仰了宗教的神力，履行了非暴力不合作運動，平靜虔誠，體驗真理，30年裏，用不倦的精神和信念照亮了印度河和恆河。作者能用生活化的語言精心給自己繪寫漫畫，既不迴避生活小節引發的平常人生存狀態，也不拔高聖雄輝耀的領軍人物形象，全然是一個充滿激情和智慧的苦行僧的娓娓漫談，正如他認為追求真理的工具既簡單又困難那般，也許對於一個自高自大的成人似乎是完全不可能的，而對於一個無辜的兒童卻完全是可能的。

甘地是一個勤於反省自樂於虛心自審的人，以為追求真理的人應當比塵土還要謙虛，人們可以把塵土踩在腳下，但是追求真理的人必須謙虛到比塵土還要輕，只有這樣，也只須到那時候，他才能一瞥真理。甘地是這樣說的，也是這樣做的。這與他在世時享有萬眾矚目、一呼百應的精神導師，死後成一國信奉、萬家嘆服的印度聖雄有著截然關係。因為他在一個殘酷爭鬥、造化弄人的年代成為了言的聖人，行的英雄。

甘地說過：「我之所以抵制西方文明，實在是因為它代表不加選擇或毫不考慮地模仿他人，好像亞洲人只適合抄襲來自西方的一切事物。」在腳下的路是漫長而艱難的，但雄健又沉穩的步伐邁出的是希望。勇敢，堅定，睿智，又在或上帝或真主或佛祖的跟前尋找生存的寄託和生命的皈依，只不過是覓取堅強自我時的一劑麻醉。

確實，甘地是一個救國民於水火的智者與哲人，或是求學英倫前後的素食主義實踐和吐露早婚真情，或是旅居南非期間的同各色人交往和宗教比較研究，或是體驗具埋過程中的禁欲生活和衛生改

革，或是推行非暴力運動時的與權勢抗爭和與歐洲人交往，或是謀求印度自治中的廢除勞工契約制度和修改國大黨黨章……甘地所擁有的是不斷抗爭而又堅持苦煉操守的行為，實現的是一種不懈頑強卻又守望言行一致的理念。然在他的骨子裏，貯滿了與上帝與國民在高處溝通和對話的靈魂，因為他和他們都是為了愛情和自由。

雖然，甘地對追求幸福的方式過於軟弱，禁欲，絕食，辯論，推行土布運動，甚至患病期間拒絕善意的療治和藥劑，試圖用贏弱的身體和執著的抉擇震撼西來的殖民統治者，在不流血無槍聲的土地上形成非暴力抵抗運動的潮汐，融會一番巨力衝擊缺乏種族尊重與友好的西式屏障。

然而，他卻用善良的微笑接受了印度教極端分子槍聲聯結的刺殺，他虛弱的身體慢慢而靜靜地流血了。

幾十年緩緩又淡淡地過去了，就如一江春水流，流走的是浪花一朵朵，留下的是思緒一串串。淺淺的思念，深深的思維，還是悠悠的非暴力思想。我們不會忘記憑藉弱小的堅守把強大的英國勢力逐出了印度，成為頂天立地一聖雄的甘地，因為他依然在引領世人穿越一條條崎嶇與坎坷的路。雖然他已經死了，但留下的卻是不會死亡的自由和掙扎，還有美麗的陽光。

（原載《大眾日報》2005 年 7 月 8 日）

陽光底下的福樓拜性情

　　1850 年，馳騁法國文壇 20 餘年，有著文學上的拿破崙風範，被馬克思、恩格斯稱讚「是超群的小說家」、「現實主義大師」的巴爾扎克去世了。一批有志的青年作家在惋惜和悲痛之餘，爭做巴爾扎克事業的繼承人，高舉批判現實主義大旗。但是，他們心有餘而力不足，只好望洋興嘆。

　　七年過去，一個外省的默默無聞的作家，舉著一支熊熊燃燒的火炬，照亮了巴爾扎克去世七年間法國暗淡的文學道路。人們初而迷惑，繼而震驚，巴爾扎克事業後繼有人了！這個人就是居斯達夫・福樓拜，被中國現代著名作家、批評家、翻譯家、法國文學研究名家李健吾推崇備至：「司湯達深刻，巴爾扎克偉大，但是福樓拜，完美。」

　　福樓拜，19 世紀中葉法國乃至整個歐洲傑出的批判現實主義作家。那支熠熠生輝亮麗至今的火炬就是長篇小說《包法利夫人》。他的許多作品，對後來法國乃至世界文學的發展產生了不可磨滅的影響。

　　福樓拜 1821 年生於法國諾曼第盧昂醫生世家，童年在父親醫院裏度過，醫院環境培養了他細緻觀察與剖析事物的習慣，對日後文學創作有極大的影響。福樓拜在中學時就熱愛浪漫主義作品，並從事文學習作。早期習作有濃厚浪漫主義色彩。1840 年，他赴巴黎求學，攻讀法律，期間結識雨果。1843 年放棄法律，專心文學。曾堅

持 40 年瘋狂追求音樂出版商的妻子艾麗莎‧富科，同時結識女詩人
路易絲‧高萊，有近十年的交往，但是終生未婚。定居盧昂期間，
他埋頭寫作，偶爾拜會文藝界朋友，直到生命最後時刻。

　　創作是他延續生命的旺盛所在，字句讓他探索著離合悲歡的真
理，在藝術面前，他是一個最為忠實虔誠的門徒與信使，默默為世
界訪求著愛恨和沒有愛恨的非物質文化遺產。只有遠嫁的甥女和多
情的桑喬治不時寫來的信札，以及晚年悉心指導的莫泊桑的習作與
孝順，給在陰暗老境中的福樓拜幾絲欣慰的陽光，彌補他看司湯達
一文不值和貶責巴爾扎克卑微過後的空虛。

　　有著翻譯大國風采的新時代中國，五四伊始，外國的文學作品
以及文化學術成果源源不斷被譯介進來。然而由於社會歷史條件和
時代背景的變化，在不同的歷史時期受著政治需要、譯者喜好、大
眾需求等因素的影響，不同的側重點，不同的翻譯法，使得中國的
譯介文化主潮迭湧。

　　在前半個世紀宣傳德、賽，西方的成為了主流；建國開始，鼓
舞普羅投身火熱建設，則以蘇俄的為主；而在改革開放以後，西方
的又恢復原有的勢頭。

　　近年來，來自韓國與日本的小說幾乎肆虐在所有校園周圍和城
市角落。諸多翻譯家們才情獨行，風格特立，為中國的文化發展史
創造了無法磨滅的營養工程。但是，他們對外來文化基本上都停留
在譯介、引進的層面，很少進入系統思考、學術研究的領域，只是
紹介非我文化具體形式，最大限度就是在原創性文化上加了幾許自
己特色與時代要求的標識。

　　中國對法國文明的譯介和學習長時間蔚然大氣，卻只有李健吾
向學術研究的高峰進發、攀登，在出色翻譯莫里哀、司湯達、福樓

拜等人作品的同時進行系統研究，他的天才大作《福樓拜評傳》（廣西師範大學出版社 2007 年 6 月版），就是一部以其分量深度在中國 20 世紀涉外文化史上，其他難以企及更是無法替代的獨創性的學術力作。

《福樓拜評傳》以有效把握福樓拜的精神和性格出發，在凸顯他的行為高貴的同時不迴避傳主的人性缺失，儘量豐滿一代文豪的形象完美。福樓拜對文學的愛近似瘋狂，對父親安排學習法律的善意選擇了背叛，甚至生出了讓名揚四海的醫士父親束手無策的病症。按傳統中國的思想，他有過不斷愛戀，但為了創作，一生不曾婚娶是一種不孝，但也使得世界讀者有了在《包法利夫人》、《薩郎寶》、《情感教育》、《聖安東的誘惑》、短篇小說集、《布法與白居樹》中的盡情享受與性情陶冶。

在李健吾的內心深處，「巴爾扎克創造了一個世界，司湯達剖開了一個人的臟腑，而福樓拜告訴我們，一切由於相對的關聯。他有他風格的理想，而每一部小說，基於主旨的不同，成功不同的風格為理想」。

一個有著真正出息的作者，他的精神和生活都是讓匪夷所思的，無論他是富貴還是貧窮，也許在當時世人的眼裏，他似乎常常是卑賤的形體，然後人偏偏叨念他有著高貴的魂靈。

有著伯爵封號和莊園的托爾斯泰，病死在異鄉車站，卻成為了俄國最高教會機關的「邪教徒和叛教者」，也成為了文學大家高爾基心中「十九世紀所有偉人中最複雜的人物」，更是成為了革命導師列寧的「俄國革命的鏡子」。

而福樓拜，放棄了家傳富貴的安逸人生，無緣與性愛歡愉的婚姻生活，卻榮膺了法國 19 世紀最大的作家（古爾蒙語）、法國 19

世紀後半葉最大的小說家（散慈玻瑞語）之類的桂冠，還在 50 多年後讓萬里之外的中國青年李健吾尋找到了靈魂對接的融通方式。

在李氏的思想高處，走近福樓拜是一種無上的快樂，他悟讀福樓拜的人生取向，解度福樓拜的文字魅力，思考福樓拜的宗教皈依，最終以靈動峭拔的文字極力狀寫福樓拜的藝術追求及其敏感細膩的內心世界，清新奇崛，韻致自然，讓中國讀者在振奮之餘真正感受著批判現實主義的正宗與美麗。

評傳福樓拜的時候李健吾不逾而立年華，但對人情世故的剖析力度，對藝術魅力的鑒賞風度，足以見得他花費的不僅僅是譯介的時間與精力，更多的是找尋到了福樓拜性情人生的真生命，而加入了屬於自己特色的性情觀照和詮釋。難怪在成書後已有 70 餘年的今天再次全新推出，依然清新淡雅，足能說明李健吾評傳福樓拜在中國範圍內，理解深湛、解析透徹，迄今恐無出其右者。

李健吾的認識有著青年人的靈性，沿著關於福樓拜的文字追憶而不認為是一種殘酷，他有著自己的年輕主張，又有著審慎的學術析理。

福樓拜出版代表作《包法利夫人》轟動文壇，但作品受到當局指控，罪名是敗壞道德、詆謗宗教，但李氏認為這部長篇小說第一次完成了福樓拜的性情希望，完成了巴爾扎克的文學希望，使小說進入了藝術的高尚境界。他一度轉入古代題材創作發表長篇小說《薩朗寶》，評者以為在字句組合上實現了描寫和圖畫的價值，哪怕是真實的血肉描寫，都是堅持一種歷史的文筆。1870 年發表的長篇小說《情感教育》，一部以現實生活為題材的作品，小說在揭露個人悲劇的社會因素方面，與《包法利夫人》有異曲同工之妙，被作者評為仿佛藝術化了的中國小說。

　　然而，社會的醜惡也激發了福樓拜的憎恨。他憎恨一切政黨和制度，蔑視和譏笑宗教和政府，在他的文字和思想中，追求最好的宗教，或者最好的政府，都是一種蠢極了的舉動。他反對一切組織、義務、權力等人為的觀念，甚至把群眾定性為愚蠢野蠻的形象。甚至有人不夠全面、確切的說，福樓拜在政治思想上是無政府主義與虛無主義的混合體，極端個人主義者。他對社會現實敏銳、深刻的認識、描寫和批判是很正確、很進步的。只是在對社會腐敗原因的認識和尋求社會矛盾的解決上，他錯了。福樓拜年輕時，社會上彌漫著浪漫主義思潮。特殊的經歷和環境，讓他更多地接受了頹廢、虛妄的消極浪漫主義的影響。但是他對自由、民主、博愛的理想被社會無情毀滅的一種反應，選擇的不過是一種消極的反抗而已。

　　這些，李健吾沒有迴避。

　　在《福樓拜評傳》中，我們能夠清晰地發現，福樓拜關於小說家應像科學家那樣實事求是，通過實地考察進行準確地描寫的主張。他提倡「客觀而無動於衷」的創作理論，反對小說家在作品中表現自己。在藝術風格上，福樓拜從不作孤立、單獨的環境描寫，而是努力做到用環境來烘托人物心情，達到情景交融的藝術境界。他還是語言大師，注重思想與語言的統一。他認為：「思想越是美好，詞句就越是鏗鏘，思想的準確會造成語言的準確。」又說：「表達愈是接近思想，用詞就愈是貼切，就愈是美。」因此，他經常苦心磨練，慘澹經營，注意錘煉語言和句子。他的作品語言精練、準確、鏗鏘有力，是法國文學史上的「模範散文」。

　　李健吾思路中福樓拜和《包法利夫人》、《薩郎寶》、《情感教育》……不再是簡單的文人與文本了，熱情洋溢的筆調，青春昂揚的氣息，在明晰完整的結構、果斷靈活的行文、斬截透闢的立論

以及廣博繁富的徵引中淋漓盡致，帶給我們的一種最為人類精神的潛力與人性本真的活力。

李健吾評傳福樓拜時值法國留學歸來之時，大膽後生，用一種扎實凝練、豐富靈動的學術文化價值書以及一份與年齡不甚相稱的成熟，向需要學養積澱與年齡佐證的學術界，敲響了一串什麼是真正西方與東方文化交流的警鐘，如同用西洋七聲初次向民族五聲演奏一般。

李健吾對福樓拜的全部創作文本進行了深入的研讀與解析，他以翔實的資料為基礎，在飽讀國外相關文學史與文學評論的同時，保持了獨立自主的主觀精神，堅持富有個性感受的滲透張力，支撐著獨行特立的視角與精闢入微的見解，盡情靈動活脫的言語中，有重點地張揚和表現福樓拜創作的內涵與精神，而不是借助追憶似水流年玩弄文字和堆砌詞彙。

福樓拜長年累月中積攢下來的書信，成就了作者真正認識和解讀一代大家的知性泉源，有直接引用，也有自己的理性把握。同時，著力分析了福樓拜的故鄉風情、19 世紀法國現實主義的文學運動、《聖安東的誘惑》初稿，有遊記，有論文，也有對話；還在書中穿插了居斯達夫・福樓拜、路昂市立醫院、德拉馬爾夫人、福樓拜與包法利夫人、施萊新格夫人、聖安東的誘惑、路昂禮拜堂北門的圓拱、福樓拜的故居：克窪塞不同主題的圖片，素描、漫畫、油畫，相得益彰，情趣盎然。

一切的一一，融會著李健吾的智勇和勤奮，流走著年輕人的才分和學識，沒有學術家們提心吊膽的憂慮與顧忌，意氣風發地借力於青年學者在厚積中爆發的創造巨力，讓他對法蘭西及批判現實主義文學的鑒賞度與鮮活感，在守望傳承和創新的中國視野中揚眉吐氣。

　　《福樓拜評傳》問世之後，在中國現當代文學批評的領域，李健吾（筆名劉西渭）的雀躍影子，獨特清新，灑脫靈動，隨其《咀華集》與《咀華二集》以及短小精悍精彩紛呈的劇評的鮮明主觀色彩，熠熠耀眼，成就了他作為 20 世紀中國文學史上傑出批評家的傳世妙譽。《福樓拜評傳》正是他經典評論的精彩開篇。

　　商務印書館 1935 年首次由一個高層次的外國文化基金的資助出版，印製精良而有氣派。此後，一直未逢再版。直至 1980 年，得以在湖南人民出版社重新面世。27 年後，素有學術推介中堅重鎮雅稱的廣西師範大學出版社，毅然從故舊文化資源中挑選出予以再版，雖是時令仲夏，但依然化盡一懷涼爽淡雅的清風，慢沁心神，哪怕是讀著連連使用的成語，非但沒有冗長煩瑣的感覺，反而讀來琅琅上口，韻味天成，全然找不到歲月無情磨損與有力沖刷過後的痕跡。

（原載《航空畫報》2008 年 12 月 2 日）

不可忽視的知識魂靈

　　林賢治是一位學養淵博的知識分子，筆下的文字除了文采曉暢流利外，就是觀念切實出新、眼界開闊明晰，寫出的思想文章總是有一種說不盡的精彩。新近閒逛書店，偶見一本題為「曠代的憂傷」的林賢治散文隨筆選，頓時有了興趣，買來就讀。詩化的語言，個性獨具，韻味有致，又一次吸引了素對文字挑剔的我。而這本收文近四十篇的思想讀本，圖隨文走而自有特色，深入淺出又好看耐讀，讓我感受最多還是其中所記述的思想者和思想。當然，我也再一次對林氏的思想及其對思想者的諸多推崇與評說，產生了道不完的欽敬和嘆服。

　　翻開《曠代的憂傷》（江蘇人民出版社 2009 年 9 月版），我們不僅可以看到西人左拉、葛蘭西、羅莎·盧森堡、珂勒惠支、愛因斯坦、奧威爾、別林斯基、涅克拉索夫、托爾斯泰、茨維塔耶娃、米沃什、凱爾泰斯·伊姆雷、柴可夫斯基等性格獨立的高傲靈魂，也能夠膜拜近代以來在中國本土中成長的龔自珍、魯迅、陳寅恪、李慎之、董樂山、遇羅克等熱愛國家、崇尚文明的自由之靈。他們在真理面前，是一個真實與真誠的信仰者，他們為了真理在幻化莫測的世界廣泛傳播、得到堅守，不屈不饒，為之奮鬥。在他們之中，有為威權所迫而遭流放或去國的，有自我放逐尋求平靜心神的，有危坐高位惶恐不安的，也有為捍衛真理而過早受害離去的……不論

老的少的、男的女的，都是為了某一真理的實現，殫精竭慮，憂樂度日。

　　林氏對異代知識分子的思想靈魂，是尊敬的，但不是絕對崇拜。他敬愛群星在艱難時世中自由思想、獨立思考，為國為民爭取自由權利，也持冷靜態度針對有些偏激的觀點充分表現出理智的看法。他以《看靈魂》一文開篇，縱橫漫談，為我們精要地論說了思想比任何大陸遼闊的美國個人主義詩人惠特曼、誓死不屈為古代史創造輝煌的古羅馬奴隸勇士斯巴達克斯、為自由而戰又自我放逐的孤獨者玻利瓦爾、扼住命運咽喉頑強創造傳世妙樂的樂聖貝多芬、投身革命卻慘遭流放但堅持創作的俄國作家杜斯妥也夫斯基、深刻描述現代社會異化與恐怖的猶太作家卡夫卡、提倡女權宣傳革命而不幸遇難的中國民主主義戰士秋瑾……寫他們的昂然前行，寫他們的英雄主義，也寫他們的偏激狹隘。這些高貴的靈魂，是一個堅強的精神象徵，更是一種時代的偉美風景，不論他們是在草叢中崛起，還是在艱難中跋涉，他們都選擇和堅持著與痛苦同行、和真理廝守的掙扎；而這些，恰恰讓我們站在遙距他們數十百餘年的現代社會，重溫到真實人性的一段崇高。

　　林賢治思考著思想獨立的意義和生命存在的價值，似乎有一種巨力支持著他為傑出思想群體與個體作文畫像。他借助多節篇幅勾勒沙俄、蘇俄、蘇聯直至俄羅斯不同時期特立獨行的思想家近乎怪異倔強但捍衛真理的崢嶸人生，不惜辭費，多方解讀，使之鮮活豐滿。他尊重歷史，筆下的曾獲諾貝爾文學獎而遭國家放逐的俄國作家索忍尼辛，一生為自由、人權與社會正義鬥爭不息，使得數十年的人生經歷坎坷接連、多番落起，早年參加衛國戰爭卻因一紙書信批評史達林而受牢獄之災，再因赫魯雪夫「非史達林化」而文章得

到短暫的特別放行。但好景不長，得到文學大獎，克格勃不但阻止其去領獎，還對其嚴格控制、公開監視，直至迫其流亡美國戴上「榮譽公民」的虛帽子。後來，老年返鄉，逝去受總統總理蒞臨悼念，只因索氏的大俄羅斯主義的夢想，重新引起部分人的關注，也契合了當局者的治國思想。透過作者的文字，可以發現，倔強的索忍尼辛連遭不測，卻不斷堅持，近似瘋狂，也有一些不盡人情的追尋。

只因中國反知識分子的運動狂熱興起，本純淨、正直、熱情而有才氣的張中曉，雖然在碎紙片上寫出了《無夢樓文史筆記》、《狹路集》和《拾荒集》三卷文集，但非正常的時代扼殺了他的沉思與冥想。其在政治評論、經濟思考與文化研究上多費苦心，但時勢最終迫使他早早辭世。張中曉確實為中國的現代化進程探索過、激動過，卻難敵時代惡魔與威權的中傷和欺凌，即便他「已經作出了偉大的工作」，也不過是一個「精神實體完成的人」，哪怕他在林賢治心目中「超過了神」，也很難在廣大世人、許多文獻的記憶中找到屬於他的位置。

綜觀全書，無論是不懼烈火而為科學真理殉道的布魯諾、如同穿過黑暗的一道幽光的思想女戰士西蒙娜・薇依、嚮往自由但不得不屈服於強權的文學大家高爾基，還是勸當權者不拘一格重用人才的龔自珍、尋求思想自由意志獨立的文化遺民陳寅恪、為宣揚自由主義奮鬥一生的顧準、李慎之，或者是寫山的偉岸、寫水的柔韌、話漫步感觸、記讀畫感想、談讀書體會，林賢治的文字都是審慎嚴謹的。他有思想，也推崇思想的接力與傳遞，然他更要憑藉自己的思想通道為真理的傳播、思想的完善，向廣大讀者做恰如其分的對接。

　　《曠代的憂傷》是一本思想性隨筆結集，但深讀進去，不難發現，其對於我們具體瞭解和深層次把握近現代思想嬗變與傳承，都具有方法論的示範意義。雖然其不是嚴格意義上的學術著作，但它以批判的眼光審視過去，尊重歷史，崇尚知識，棄舊圖新，對於豐富現代思想研究和傳播，承擔著文化積累和學術更新的責任。林賢治借助行文自由、立意高深的隨筆形式，為我們平常所忽視的思想精英作如實觀照，寫他們僅僅為少數人所知的、或鉛化在故紙堆中的軼事舊聞，不讓這些缺席再為人忽略、令人痛心，也正合乎正常的學術研究和規範。

（原載《中國圖書商報》2009 年 11 月 17 日）

約定帶來的奇異之美

　　英國著名公共知識分子約翰・伯格，長期觀察社會問題，曾引發世界範圍內對農業季節工人的關注。惹人注目的是，他具備藝術史家、畫家和小說家等多重身分，撰寫的電視系列片同名著作《觀看之道》在藝術批評領域堪稱經典，以 1898 年歐洲傳奇故事為背景的小說 G，斬獲布克獎及詹姆斯・泰特・布萊克紀念獎。雖然他在英國藝術批評史上頗有爭議性，但難改其作為英國當代最有影響力的藝術批評家的地位。

　　新近正推出約翰・伯格系列，先期已有隨筆集《約定》（廣西師範大學出版社 2009 年 10 月版）、《講故事的人》和小說《我們在此相遇》上市。我們通過這些文字，不難發現他可以由一幅畫、一部影片、一次偶遇和一個場景，寫成深入淺出、理趣彰揚的長篇短章。即便是一篇書評、一節影評或一次政治斷想，也能被他借助一個城市、一次懷念或一首詩歌，盡情渲染，恣意鋪陳，誘發我輩樂讀的興趣。

　　約翰・伯格是一個詩意性文字寫作的多面手，也是一名在開放狀態中開展社會思考的執著者，不管寫出多少涉及攝影、影視、圖書和政治及回憶的文章，他都是冷靜地進行了極目觀察和深入思索，以一個驚人的寬廣視野和一串卓越洞識，引起你情不自禁的情感共鳴與思想震動。

　　《講故事的人》是作者的隨筆代表作，時間跨度最長，所關注的問題較為廣泛，如旅行和移居，夢想、愛情、激情和死亡，作為行為和人工製品的藝術，理論與生產、再生產世界的體力勞動之間的關係，對於我們瞭解其寫作思路，有著獨特的指導作用。書中各篇長短不一，但充分展現了他所具有的定居的耕作者、從遠方來的旅行者兩種特質。而另一本彙集了作者近期藝術評論文章《約定》，是我要在這篇文章中重點介紹的。

　　「約定」這一詞彙，很多人喜歡有事沒事地想到、用到，情人之間，朋友往來，甚至陌生之間，我們原本生疏的約翰‧伯格把去過的、經歷過的許多關於約定的故事，編述成集，讓我們看看那些已經遙遠但又在身邊的堅守與誠信。

　　約翰‧伯格擅長於講故事，《約定》中二十四次演繹關於約定的場景，寫熟悉的礦工、農民，寫幼年和從小擔心死去的母親，寫意象巴黎和異樣的回答，許多篇章是涉及我們熟悉的和陌生的某一畫家的作品。他聚精會神地闡釋著自己的見解，寫出了其中的涵蘊和寬度。

　　《約定》每篇文章以一張或幾張圖片引導，在分析圖像本身的同時，著重深入觀看背後的思考，運用具體的文字把粗線條的圖像勾畫得清晰，使讀者如約而至、如臨其境。我們靜心透視作者獨到的視角，不僅能較全面領略到約翰‧伯格所呈現的世界，還能有機會去探索不同風格、不同流派藝術家如波洛克、透納作品中的主題，去窮盡巴黎的神奇，去思考人性的多種可能。所有的文字，介於藝術與批評、藝術家與主題、煊赫與無名之間，約翰‧伯格毫不吝嗇地把我們引進了他獨特神奇的視覺文化勝境。

　　平常我們總有人喜歡將「一坨屎」作為口頭禪和謾罵的武器，而這一短語讓約翰‧伯格想起了許多。他因一次清理與掩埋家中一年的糞便，挖坑時聽到旁觀的鄰家大狗狂吠，一股無名怒氣騰然而起，但慢慢地心神平靜下來，他對著馬糞、牛糞和雞屎一類想起了天國的景象，甚至由糞便的顏色想起了倫勃朗畫中戴著頭盔的亞歷山大大帝的色彩，剷除，運載，掩埋，幾番過去，他由對純淨和清新的嚮往，就著糞便聞到了丁香花香，還有絲絲淡淡的蜂蜜氣味。我們平常待人處事，一旦遇上隱惡出現，就罵罵咧咧嚷嚷不休，如能有望梅止渴的精神和信念，樂觀地去淨化清除醜惡，或許會很快和心中所求親切相擁。事實上，怒氣再大，卻遠比不上臭氣逼人的沼氣實用。

　　兩千多年前的伊索用寓言開啟了西方文學傳統，大多藝術家在那篇幅簡短但影響不間斷的文字中，找到了自己所需的養料。約翰‧伯格亦然。他由畫家委拉斯開茲一副虛構的伊索畫像，想起了一個難以猜透的約定。他寫畫中破舊不堪的靴子、流浪者長袍和咄咄逼人的目光，由此對畫中人、畫作者、模特兒的形貌與生存條件展開了豐富的聯想。他要送給伊索一個小故事，將自己某日廚房之所遇、平日裏散步之所見，寫他發現今天的懷疑主義變成了冷漠孤傲、玩世不恭的暗指，寫他深受本雅明講故事理論的影響。

　　在法國印象派畫家中，雷諾瓦享有盛譽，影響至今。他用夾雜陽光與閒暇的畫筆，繪製裸體畫如《戴玫瑰花的加布莉爾》、《風景中的女人體》、《浴女們》和《浴後擦身的裸女》，女性盈盈含笑的嫵媚畫面，真實地展現人體豐富細膩的色彩和肌膚質感，自然地呈現一種優雅自然的美。約翰‧伯格分析雷諾瓦的具體作品和繪畫言論，認為：「他描繪她們的肉體、她們的皮膚和她們皮膚表面

流動的光輝。他帶著一股甜蜜的愛的執著觀察著這一切。」他覺察到、也要告訴讀者雷氏之所以深受歡迎，最主要是因為畫作中除了給人最直接的愉悅感受外，很難找到對人生負面的反應與答案，不會讓人有任何思考性的負擔。他從雷氏筆下的肩膀、乳房、大腿、足部、小丘、漣漪中發現了柔和與溫暖，找到了迷霧中的秘密，卻沒有探窺到一絲半許的、與極端冷漠締結情緣的唯一、孤獨、脆弱。這些是藝術評論家的審美觀感。當然，他也在尋找雷氏的缺失，而其目的是讓更多的人們去喜歡雷諾瓦的成功，而不是去用尖刻的挑剔來顯示自己的批評魅力。

約翰・伯格批評的氣力是有分量的，既肯定了優秀作品中歡樂、自由和幸福的真切表現，又對來自遊行隊伍照片上的緊張、疲憊、憂鬱及困惑，做出強有力的針砭，而不會因彼暫時強勢而放棄評論的權利與尊嚴。在他的思維和文字中，「幸福出現在人們可以把自己全部身心賦予生存時刻之時，此時，存在與成為是一回事」，而不去任憑教條主義、宗教狂熱與種族歧視製造更多的歷史危險與貪得無厭。

在《約定》正文之前，有一段作者致讀者的文字，是關於約定的：「（未能赴約的情形，構成了另一個故事。）每段敘述都從一幅圖像開始，這些圖像喚起了對相會之地的回憶……我希望，讀者也會情不自禁地說：我以前來過這裏……」約翰・伯格把多種文藝體裁和其他人文社會科學，融匯一體，意欲更好地、直接建立起作者與讀者之間通過回憶與經驗相會的契機。在他看來，藝術賦予了生命之殘酷以它自身所不能擁有的意義，同時又讓生命的感受成就藝術的崇高。無論是寫生存與死亡的跨界，還是寫映藏動物學科、達爾文和戲劇理論知識譜系圖影的人猿劇場，或是寫暗含生死離

別、正義失落與勇毅受辱的電影，約翰・伯格雖有時寫得弔詭神秘，但更多的是認認真真地用裹挾哲思的詩意語言，帶著懷疑精神與科學精神，引領我們走近藝術與生活的真實，去理性地感受什麼是不可見者、不可約者、持久之物、勇氣和榮譽。

（原載《中國教育報》2010 年 3 月 23 日）

電影大師的心路歷程

　　法國電影大師弗朗索瓦・特呂弗（1932-1984），在世界電影文化史上，是一個傳奇人物。他是一個私生子，隨任建築設計師的養父姓氏，幼兒時期輪流寄養在祖母與外祖母家，曾幾番努力尋得生父住址、只隔一門之距時打消了會見老者的念頭。他自小喜愛讀小說和看電影，或偷看母親正在看的小說，或藉著父母外出看戲的機會跑至電影院。雖不時惶恐不安、顧慮難耐，但其始終尋找各種各樣的逃避、擺脫的方式，來滿足特殊的、早熟的電影興趣。他選擇流浪在外、離家出走，過早地經歷童工生存狀態，甚至被判處輕罪關進猶太城少年罪犯管教所，或後來鋌而走險地一再扮演逃兵角色。就是這個曾被抓回、強制關押的逃兵，15 歲在巴黎發起大眾電影俱樂部，21 歲進入法國農業部電影處，後於《電影手冊》、《藝術》雜誌任編輯和撰稿人，成為著名影評家，1954 年寫出了被視為新浪潮運動綱領與宣言的文論《論法國電影的某種傾向》，1957 年推出了預告「第一人稱」影片到來的重要著述《法國電影在虛假中死去》。

　　特呂弗不但把影評文字寫得曉暢優美，很具理性的力度和深度，而且又是一位出色的編劇、導演和演員。在 30 多年電影人生及 20 多年導演生涯中，他一次次地打造真切自然、裹挾幽雅感傷的影像形式，在清新質樸、真誠委婉的影片中，一直感染著對其熟悉或陌生的觀眾，成就了一個叛逆傳統、反抗秩序的傑出電影藝術家風

采。他的電影中，總會帶著淡淡的、艱難的童年生活影子，善於模仿生活，而較之真實生活更加浪漫有趣。他努力避免政治化傾向，完成雅俗共賞的風格，先後斬獲法國戛納電影節大獎、美國奧斯卡最佳外語片獎等 50 多項獎項。他參與編劇並導演的影片《最後一班地鐵》，於 1981 年囊括法國電影凱撒獎最佳影片、最佳男主角、最佳女主角、最佳導演、最佳攝影、最佳美工、最佳音樂、最佳音響、最佳編劇和最佳剪接等十項大獎，創下了法國電影的空前記錄，在世界電影史上享有了崇高聲譽。

特呂弗擅長於把人的感情推向一個極端的處境，來安排和講述人物的命運，對婚戀中的人的精神狀態，有著比心理醫生還要深刻生動的把握。特別是發掘女演員的長處，充分展示了法國乃至歐洲最迷人、最漂亮的女性風姿，法國著名女星德芙諾、伊莎貝拉·阿佳妮、娜塔麗·貝依、讓娜·莫羅、弗朗索瓦·多萊亞、芬妮·阿爾丹等的風韻獨具、惹人著迷、教人難忘，無一不受益於與特呂弗愉快的合作。

特呂弗的鏡頭是獨特迷人的，文字是優美雋永的。由多明尼克·拉布林丹輯選而成的《眼之快感：弗朗索瓦·特呂弗訪談錄》（陳君、王慧譯，吉林出版集團有限責任公司 2010 年 3 月版），不但濃縮了特呂弗熱愛電影、評論電影及思考電影的重要訪談，而且反映了特呂弗關於電影的生命旅程、心靈歷程與製作過程的點點滴滴，還使人在不同的視點中，感知了他對與其合作的著名演員、影響其成長的知名導演的精彩評述，熟悉了其與眾不同的電影理念、技術上的革新創造與電影敘述的種種策略。

雖然拉布林丹編輯是書，以特呂弗《希區柯克訪談錄》為參照系，但其中所含的內容，均有一個新的超越。此時的特呂弗罹病腦

癌晚期，但仍然鼓勵編選者查閱私人檔案。連度藏於馬車製片公司、未曾公開的資料，也被拉布林丹選取使用，其中包括其每部影片公映前接受法國《世界報》記者採訪時追憶年輕時代的話題，也包括1971年與加拿大廣播電台記者阿麗娜・德雅爾丹的一席長談。

《眼之快感》主要分為特呂弗自傳、鍾愛的影片及理論與實踐三大部分。雖名為自傳、影評和文論，卻沒有選擇常規的平鋪直敘、或敘議結合的形式，而是由編選者參考報刊、圖書與影片公映前散發的新聞資料中的隻言片語，或大塊文章，或以導演身分作第一人稱的作品思考。書後列有特呂弗製作影片、發表劇本、出版文字、扮演角色及擔綱製片人、編劇者的影片等的簡要介紹，對我們研究特呂弗電影人生，有了許多史料性的提示。這樣的行文方式，完全借助訪談模式，真實地體現了特呂弗特立獨行、情理兼具的電影形象與思想。

自童年伊始，特呂弗便對電影產生了一種焦慮不安、繾綣不去的特殊情思，即便功成名就時，他也無法釋懷記憶中1939年第一次欣賞《失樂園》的情形。劇中淒美的戰時情節，感染了當場休假的軍人和貴婦人、小情人不斷揮動白手帕擦拭清淚。暫時的平靜，卻不時為法西斯德軍檢查法國年輕人身分證的粗暴行徑，或遠處傳來的陣陣空襲警報聲所打破。後來身處和平環境中的特呂弗，雖每每想起此事，總是心有餘悸，但當時的他堅持偷偷獨自奔赴臨近的電影院，看自己選擇的影片，慢慢的，他對部分影片中的解說詞能倒背如流，甚至同一日反復地觀看某一影片，隨時都敞開胸襟，準備了接受知名電影藝術家的思想見解和影響。他洞察電影文化的眼界一直是開闊的，開闊得多次容納安德列・巴贊、讓・谷克多、讓・雷諾瓦、羅西里尼等思想者、藝術家、同路人的影響與感召。

電影人安德列・巴贊的藝術追求和無私幫助，感染了對電影與
文學有著濃厚興趣的特呂弗。青少年時代的特呂弗，開始了與電影
的真切戀愛，執著地走上了藝術之旅。他從電影愛好者，發展到轟
動影壇的評論家，宣導了新浪潮電影思潮，進軍諸多崇高華貴的電
影殿堂，推出一部部奪人目光、懾人心神的電影佳片，甚至把對生
活的理解、對人生的體會、對社會的觀感，完全採用了電影形式進
行不失情理的詮釋。他崇尚新聞自由與司法獨立，卻對可抬其身價、
能傳其威名的政治藝術，一知半解不感興趣。真正使他產生濃烈興
趣、殷切期待的，只有在電影藝術中詮釋構造一幅自畫像的基本元
素──他把電影視為生活的一種改善，將並不漫長但光彩驚人的人
生，付予了這一奇特藝術。也許在其看來，此中才有其獨特的鍾情、
戀愛與許許多多的期待，他接二連三地拒絕了時髦的誘惑。

他精心拍攝了 25 部不同風格的電影，也為後人留下了一系列精
彩的評述文章。不論是談即興創作的《一次訪問》，還是說處女作
《頑童們》、成名作《水的故事》，或者回想演繹淡淡男女情事的
《偷吻》、表現濃濃情愛氛圍的《密西西比河的美人魚》，以及評
價創造一個影壇奇跡的代表作《最後一班地鐵》，都較好地體現了
特呂弗特有的電影思維和尋求。他以一種開放的姿態，觀察瞬息萬
變、幻化無窮的現實社會，形諸一組深具時代價值與普世意義的影
像與文字，反映世界中的歡欣與冷酷。當我看到其在《四百下》中
對安東莞・杜瓦內爾的精細描寫，聯想到了現實中為人們誤視青春
思維的可憐的孩子。安東莞不是不幸的孩子，也非受父母寵愛，幾
乎母親忘記了他的名字、父親漠視他的存在，他在家庭生活中小心
翼翼、惶惶終日，甚至連聞敲門聲都是膽怯心驚；而在外，其學會
了自吹自播，喜歡挖苦他人與蠻橫無理，一直過著敏感憂鬱和陰鷙

狡黠的雙面生活。他的心理與思想，近乎扭曲變態，似乎有些中國阿Q大哥的精神，特呂弗堅持冷靜審視、理性反思的同時，賦予了一個真實的人性，寫實了一個好與壞、善與惡的青春心理。是片的成功與真實，被許多人認為是特呂弗自傳人生的寫意，但主創者卻有自己的理解與評判。

　　作為一名傑出的電影藝術工作者與思考者，特呂弗是一個有心之人。他將平常寫作和拍片時手寫的注釋、草圖、草稿，不同形態的劇本、工作計劃、行政單據、書信、圖書剪頁及評注等，悉數珍存起來，較完好地體現了其藝術人生細緻謹慎的一面，方便了後人深入地研究其電影生命。其經常面對媒體採訪，或應邀撰文發表，對於這些，他時常認真收集、重新翻閱，以便後來加以修改與潤飾加工。值得我們學習的是，他不滿足曾經的成就，即便是從前為人們叫好叫座的影片，他也會於若干年後，懷握謙虛冷靜的態度承認失敗與錯誤。他以此作為歡欣與自由，尋求超越，與大多榮膺殊榮便沾沾自喜、狂放尊大、拒絕質疑的明星大腕們，存在著鮮明的對比。如此作為，使我們不但能完好地瞭解到特呂弗電影理論與實踐的真實對接，更能感受到電影大師名之所歸的操守風範，更能讓我們在細細品讀《眼之快感：弗朗索瓦‧特呂弗訪談錄》時，想起東方晚清名臣曾國藩，每每寫有書函、奏議、言論、公文等，總會抄上數份，或藏於身邊以備查，或送至老家厚積之，為後代學者和讀者理解其思想作為，創設了許多實質性的快慰與歷史。不論其中具有多少蒼涼與感傷，開心與狂喜，但無數平實的劇照和文字，都是我們觸摸、重溫弗朗索瓦‧特呂弗摯愛電影、服務大眾的心路歷程的最佳憑據。譯者陳君、王慧利用流利的文字，反映了特呂弗的人生思想、道德倫理，清要簡約地隨文紹介了某一藝術家、思想者，

某一藝術主義與流派，某一作品與時代，還原了特呂弗把一生獻給電影事業、生存在影像世界中的堅持與選擇。

（原載《新京報》2010 年 6 月 19 日）

胸針也是一種外交語言

　　瑪德琳‧奧爾布賴特有一個傳奇人生：出生在捷克斯洛伐克，卻在花甲之年成為了美國國務卿；雖不是政治幻想家和戰略家，可用政治學和國際關係學本領，贏得了不少元首政要的欽服和尊重；曾經天真爛漫的灰姑娘，早年隨父親流亡，歷練出了強硬、堅忍、威儷，成為鷹派代表人物；離異多年，還始終沿用前夫的奧爾布賴特姓氏⋯⋯各種各樣的堅持與選擇，讓人們非常樂意感受她的敘述。即便並非談論政治人生中的縱橫闔捭、折衝樽俎，而是傾情展示女外交官的珠寶盒，也使我讀到了很多樂趣、歡欣、精彩和幽情。

　　奧爾布賴特對珠寶盒裏鍾情、戀愛的，不是鑲鑽的戒指、耳環和項鍊，亦非昂貴的鉑金、玉器與祖母綠，而是說不清也說不盡的胸針。這些非常普通的胸針，是她外交武庫中的寶器，產生了許多故事，吸引人們隨她去《讀我的胸針》（邱儀譯，廣西師範大學出版社 2011 年 4 月版）。

　　作為美國建國以來首位女國務卿、最有權勢的公職女性，奧爾布賴特該有與權勢、威信和尊榮相配襯的首飾，而她不論在什麼情勢下，都會在左胸前，別一個與眾不同、花樣多變的胸針。她不但能較完美地使用那些不同形狀的胸針，而且能在穿戴的位置上不使欣賞者們出現絲毫尷尬。她是一位「胸針國務卿」，胸針成為了她出席不同場合、會見不同政要、交際不同人群的耀眼標識。這樣的裝扮，彰顯出優雅和華貴，彌補了她身材矮小、體型富態的不足，

使她這位喜歡穿紅裙子、黑裙子或藍裙子的「鐵娘子」，無時無刻不在積聚令人生畏的政治聲望。

奧爾布賴特的胸針，大多出自名不見經傳的設計者之手，有些是朋友的慷慨饋贈，有些購自廉價店，甚至是情人節五歲女兒親手製作的心形胸針。她樂意別戴這些小藝術品，別戴出了許多品味和雅致。她像其他充滿小資情感的女性一樣，將富於主題和形象的胸針，妥善地收藏起來，直至有一天，全部攤放在床上，讓觀賞者禁不住讚歎她的別有用心。

這些精緻多彩的胸針，有天使、星星、氣球和飛船的造型，有珍禽、蜜蜂、甲蟲同魚的金屬物，有青蛙、烏龜、彩虹與蛇的仿造，還有模擬各式各樣的花卉、蝴蝶等的，數以百計，琳琅滿目，使人目不暇接、驚歎不止。其中，自然少不了她摯愛的美國象徵——星條旗和鷹。有大有小，有精心鑲嵌的，有簡單設計的，一旦被她別戴胸前，如許多了不少襲人的涵意和高貴。她通過這微不足道的玩意兒，向對方傳遞不一樣的訊息，也許是憤慨不滿，也許是威懾無懼，也許是歡欣從容，也許是期待憧憬，或者蘊藏著殷切寄託和慰藉。她有時慧心興起，將背後簽名的鷹胸針作為特別禮物，送給他國外長夫人，表示友善和溫柔，欣悅和真誠。

她與柯林頓是很有情緣的。在柯氏第一屆總統任期內，她出任駐聯合國代表，對薩達姆的伊拉克軍侵犯科威特，表示強烈不滿，遭到伊方新聞界的抨擊，稱她是「一個無與倫比的噪音製造者」、「一條絕無僅有的蛇」。面對這樣不留情面的國際性譴責，她在如約會見伊方官員時，戴著一枚蛇形胸針，無聲地告訴對方，美國就是如同美國革命一般古老的、千萬不能踩的蛇。在安理會上，表決是否出兵伊拉克，她亦別著這條蟠曲的金蛇。1999 年，已被柯氏任

命為國務卿的奧爾布賴特，別上不同的胸針，出席克林姆林宮的討論會，引起精明能幹又不無霸氣的普京，不得不向柯林頓感歎，每次看到她戴什麼樣的胸針，便試圖解開其中之意。在她的胸針盒中，有一枚徽章上是美國總統大印浮雕圖案，是柯林頓夫婦贈送的，背後有柯氏簽名，這是信任和尊重的象徵，讓她特別珍視。

奧爾布賴特別戴每一枚胸針，都花了心思，如購買古董鷹胸針別在胸前就任國務卿，別著蜜蜂胸針和阿拉法特會面，戴上斑馬胸針同曼德拉交談，佩著美國國旗胸針與金正日合影，別戴攔截導彈胸針出席美俄外長談判會……她在聲討他勢力危及美國利益時，總是別上一枚天使胸針；在向盧旺達種族滅絕大屠殺中的遇難者致敬時，她別著一枚和平鴿胸針；和一群快樂少年歡聚時，她的胸針是一條自由自在的魚。這些是作秀，還是真心流露？我不作評判。但可看出她通過可能質地並不精純、做工有些粗糙的胸針，向外界表示了自己的願景和渴望。她需要支援和理解，而非蒼涼和感傷，哪怕是為了一次交流或慶賀，她都會用心在胸針裝飾上，爭取使對方好感和振奮。她為慶祝美俄太空合作，別戴了一枚金製太空飛船胸針；她為促成中美經貿洽談成功，選擇了陶瓷碎片燒製成一枚中國龍胸針。不論是對手，還是合作者，或者其他人，一旦看到她這樣的裝飾，自然會多了親近，少了抵觸。

不能忘記，1999 年 5 月 7 日，中國駐南斯拉夫使館遭到美機轟炸，造成中國人 3 死、20 傷。對南一戰，奧爾布賴特是主戰派。當她聞訊中國館慘劇時，深夜從床上爬起，即刻電話連繫中國外長唐家璿，但沒連繫到他本人，隨後邀約軍政要員赴中國駐美大使館致歉。她一直看重與中國的關係，曾 5 次訪華，意圖將其認為最複雜

的中美關係，處理到位。事與願違，她的好戰，將兩大國的微妙關係推至危險境地。

熟悉近幾屆美國主要領導人的教育背景的讀者，不難發現，奧氏的好戰思想，似乎源於其曾為捷克斯洛伐克外交官、後是美國高校教育家的父親約瑟夫‧科貝爾。科貝爾為美國外交史，培養出了兩位女國務卿——第 64 屆的奧爾布賴特是其女兒，第 66 屆的康多莉札‧賴斯為其學生。這兩位傑出的政治女性，同屬鷹派，先後把征戰的目標鎖定伊拉克，最終徹底顛覆薩達姆政權。

對於奧爾布賴特的戰爭理想，我不作過多贅述，其已用多本著作反思美國的強大與虛弱、聲望和霸權。當你仔細辨識《讀我的胸針》中的女性視角、外交見解和軼聞掌故，兩百餘幀有關胸針的圖像，以及別戴不同胸針與不同元首政要見面交談的很多情景，自會隨著她選擇胸針作為飾物傾述的心路歷程，走近這位美國政壇上極具權威、很有成就和最為迷人的外交女性，欣賞她的外交風範和優雅人生，感受她的特立獨行和與眾不同。她聰明地借助回憶錄的形式，寫從他人手中、珠寶店裏、藝術畫廊、紀念品商店甚至是路邊小攤上，獲得可愛的胸針，寫她用一生堅守的力量和愛的溫暖，也寫到這些年來衝鋒在美國政壇、世界外交風雲中的喜憂哀樂。胸針在她的生活中，被提升到一種高品位的層次，成了一種語言，一種文字，一種色彩，一種生活情趣，審美認知，甚至是一種希望實現的心中想要的幸福。對於她的遣詞造句、追求取向、感悟主張，我們需在閱讀時，保持一定的清醒，不能過於地陶醉、迷戀她講述的胸針故事，而無法正確認識她在政治、外交和軍事上的美國立場。胸針作為她獨特的外交工具，也許會隨著此書的面世，進入美國甚至世界外交史的記錄、研究與佳話，同時，也成就了這位鐵腕人

物遮掩美國民主、自由及干預他國內政、侵害異域人權的最美麗的
紗布。

（原載《新京報》2011 年 4 月 23 日）

美國學者剖析中國知識分子與現代中國

　　自西方進行工業革命不久，英國於 1793 年派出馬嘎爾尼伯爵、
1816 年派出阿美士勳爵，作為特使，向東方的大清帝國遞呈外交國
書，但乾隆父子，沉浸於天朝上國的甜夢中，把夜郎的精彩，再一
次演繹在黃頭髮、白皮膚和藍眼睛的異種人面前。他們的煊赫威勢，
確實得以了展示和滿足，然而數十年後，西方人的鴉片和火藥，使
得他們的接班人與後世子孫，一次次地瀕臨惶恐與遁逃的險境。

　　久受儒家思想熏染的宗法政治社會，所傳承聖王之道，經過宋
明理學家的改進與斷章取義，已非本來面目。先前孔孟民重君輕的
理念，被徹底地轉化為愚忠膜拜的蒙昧教條，也挾持封建中國漸次
走近瘋狂似的自毀境地，同時暗自滋生出向現代歷程求生的幾點光
亮。美國學者費正清、史華慈曾花大量時間和經歷研究中國，他們
的弟子格里德爾（中文名賈祖麟）更是立於師尊的肩上，深層次地
研究知識分子與國家關係的歷史敘述，在《知識分子與現代中國》
（單正平譯，廣西師範大學出版社 2010 年 5 月版）中，理趣兼得地
觀照和審察中國現代化進程，努力詮釋知識分子幾經掙扎、不竭思
索的心靈史。

　　對於中國知識分子的思考，格里德爾並沒有單一地摘取特殊時
期作為背景，而是有目的地探討傳統儒家對中國人文觀念、權力分
配、君臣結構的潛在影響，進行了合理而有必要的發掘。他對古代
儒學、孔孟言論，近現代學者文論見解，瞭若指掌，信手拈來，沒

有停留在誇誇其談而高屋建瓴的虛高點。同時,他極盡能事地借助西方觀點,進行深入淺出、肯綮入裏的對比研究,讓讀者不時在曉暢的文字中,收穫許多意想不到的歡欣與慰藉。

我時常困惑於中國現代史的短暫,迷離士子對晚清變局、現代進化的作為。格里德爾對於中國現代的前沿時間,不是簡單地定義在 1919 年五四運動前後,而是肇始於 19 世紀,較之於傳統劃分,推前了一個世紀。如沒有充分的依據與史見,這是很難成立的,更難表現出真正的發生和事實,留在我的記憶中。我循著他的文字不斷深入,時而產生不少各種各樣的異端的想像同期待。他的論述,沒有禁錮在傳統的理解中,有獨特的思維,使我的想像與期待一步步得到明晰,使我看清了現代中國的真實面貌,看清了傳統士子階層向現代知識分子的轉化。

傳統的士人,多半苦心研讀孔仁孟義的八股文,他們要攀沿此道,或經世濟民,或封妻蔭子。雖從稻粱謀上觀之,無可厚非,然就長遠歷史來叩問,近乎短視。但明末清初的黃宗羲、顧炎武與王夫之,卻因忠誠前朝,而遁隱田園山林,潛修思想,累積學問,貌似與滿清仇恨不共戴天,實則所求學問增添了新式的啟蒙色彩。此期對專制主義的批判,對民族主義的探索,對經驗主義的學術研究,頗具新色,讓零星來華的西人很有感觸,甚為近代歐洲掀起了一場關於中國的學習與討論。有西方學者著文推廣,欲從中國引進學者傳教佈道,把東方的儒生意識灑向西方的政治社會。在中世紀陰暗中輾轉多時的西方世界,亟須一股清新空氣,但他們斷然不會想到,此時的中國已在停滯狀態中,苟延殘喘,臨近崩壞。

雖然自清順治開始,便有打破滿漢僵局的想法,後來接替的歷代君土,也陸續因襲,但各民族間等級制度、通婚狀態與權力分派

的現實，始終糾結漢家士子內心深處。隨之八旗士氣日益式微，統治者不得不尋求漢人力量。此為形勢的使然，這是專制的無奈。就連受被閹割的基督學說影響的落第秀才洪秀全，也能乘隙作亂十餘載，導致曾國藩們打著中興旗幟，暫時挽救了早已殘敗的有清一朝。

是時伊始，士子如生逢其時，嶄露頭角。單就嶽麓書院，便培養出了約一萬七千多名士人學子，其中陶澍、魏源、賀長齡、胡林翼、曾國藩、左宗棠、彭玉麟、郭嵩燾、譚嗣同、黃興、蔡鍔、譚延闓等，成為中國近代史上的顯赫人物，徹底結束了湖南古代人才稀少的局面。至此，接連不息、承傳不斷的人才群體，圖強奮發，到嘉慶、道光年間湘系經世派崛起，形成了近代人才興盛的局面，到新民主主義階段，人才更是達到鼎盛。緣何到了此時，僅湖湘一地，便接連湧現俊彥大才，不能不說是 19 世紀民眾要造反與國運求中興相互角力的產物。

辦團練起家的儒家思想代表曾國藩，雖歷盡屢敗屢戰，但從骨子裏，還是士人風致。他通過與西人交往和較量，慢慢有了中體西用、興辦洋務的主張。其以立德、立功、立言的非凡實踐，著稱於世，在外憂內患的情勢下，堅決主張學習西方先進的科技思想，而不停留在購買西方器械的層面。他開辦安慶機械所，派遣年輕人留洋深造，刊刻西人格致類書籍。他以中國傳統哲學為基礎，著眼於如何轉變天朝上國君臨萬邦的傳統觀念，圍繞深深困擾朝野上下如何處理同西方列強的關係這個問題而逐漸深化，把中外關係建立在互相平等和尊重的基礎上。

是時的中國士子，有如此的開闊視野和維新觀念，這是中西較量、現代進化的激化與要求。他們是一群「睜眼看世界」的血性男兒，有不少衝破世俗觀念走出國門，或推行變法試圖倡行君主立憲，

引入西洋社會政體、民風,意欲救國自強,而不斷掙扎與經受痛苦。他們希望當政者能通過他們的「盛世危言」,認識中國與西方的差距,看清中國的破落與保守,不再在西人幾門大炮面前卑躬屈膝。晚清中國,進行過洋務運動,成立了總理各國事務衙門,裝備了威威武武的海軍,甚至派遣權貴出洋考察、親王領銜新政改革,可事實上不過裝模作樣罷了,不做真正意義的、有識之士期待的舉措。

但是,康有為、梁啟超們的幻夢,最終沒有成真,他們的烏托邦思想只能坍毀於《大同書》中。後來的孫中山反清革命、青年學子赴日留學、達爾文進化論和社會達爾文主義、現代教育的興起、民族主義的興起等等,影響一系列作為政治推動者的知識分子擔待重任,在革命與改良的多番較量與不同追求中,將 1911 年的辛亥革命推向極致。雖不久以後,革命的果實被袁世凱竊取,但知識分子的覺醒,使得中國的現代化進程,有了一個新的起點和基點。

一大批留學歐美、日本的有志青年紛紛歸來了,有的走進了革命者的行列,有的完成了向思想者的蛻變。不論同行者中,有多少人參與了革命的自殺同暗殺的暴力行動,但周樹人棄醫從文批判國民劣根性、蔡元培在北大宣導自由學風、陳獨秀創辦《新青年》、胡適掀起文學革命……他們保持著知識分子的本色,旗幟鮮明地抨擊與撕裂舊道德、舊文化、舊傳統與舊體制,哪怕遭遇保守派劉師培、辜鴻銘們的中傷攻擊、展開針鋒相對的中西方文化論戰,而他們自始至終地完善著政治參與者的知識分子角色,讓新文化運動生發出最輝煌、最精彩的光亮。

當時的中國,最需要的是根本性質上的改革。逐漸覺醒的知識分子們,用獨立創新、自由探索的思想和行為,推動中國現代化進程。他們羨慕西方強國的美好,但沒有像今天的明星大腕一般,弄

一個外國國籍，擺擺外籍華人的威風，而是殫精竭慮地思量民之富
裕、國之強盛，帶給全體民眾自由、民主、法治的意識。在他們努
力探索國家、民族前途命運時，共產主義馬列學說的進入，資產階
級改良思潮的興盛，多種無政府主義的傳播，不同意識形態論爭，
導致知識分子有了不同的選擇與堅持，陌生者志同道合，好朋友分
道揚鑣，留給了政權統治者、社會獨裁者一個迫害與追殺的間隙，
他們成為了一群不同程度上的政治受害者——李大釗被絞死了，
魯迅不得不變換筆名，朱自清活活餓死了，李公朴、聞一多倒在同
胞的槍口下，胡適、林語堂、梁實秋無可奈何地出走了。但他們
個體生命上體現的國家使命，已在傳統重圍中勇敢殺出，抖掉了曾
經的脆弱與扭曲，站成了後人研究現代中國、不可繞過的知識分子
豐碑。

　　格里德爾雖然是美國學者，但他長期思考中國社會、政治、文
化的變遷和發展，擷取有代表性的典型人物，專研獨特環境中的知
識分子的時代使命與心靈，透到他們思想觀念的背後，寫他們包含
家庭出身、教育背景、脾氣性格、情感態度、偏激成見等在內的個
體感受，使之具象化、豐滿化，以史的識見、理的解釋、情的筆墨，
寫出了他所掌握的知識分子個體生命的體驗感知，以及理解中國的
歷史經驗和事實真相。他不懼怕不同意見的指責與批駁，而是堅持
把真實的歷史寫進通俗的文字，讓大家讀懂、讀明白中國現代史上
的人性血污同政治暴力、靈魂救贖同精神掙扎。單正平移譯《知識
分子與現代中國》，感念於格氏對王韜、徐繼畬、張東蓀、丁文江
等知識先賢的理解，細緻剖析百十年前社會與政治上的無政府狀
態、內亂與文化迷失等，意欲為今人找回一面鏡子，使後世重溫知
識分子的使命、責任與擔當，因為「在這個迷茫混亂的時代，知識

分子與國家的關係，知識分子的作用與價值，仍然是值得每個讀書人思考的大問題」。

（原載《中國圖書商報》2010 年 8 月 10 日）

思想者的歌聲最有情

記得上世紀 80 年代，大凡有人，或自己也如是，將一支鋼筆插在左上口袋裏，總有人羨慕地、或訕笑地，呼之知識分子。在當時人們看來，有文化、有墨水的人，就是知識分子。有老師教我們，坊間也傳言，有高中以上文化者，便可戴上知識分子的冠帽。這樣的稱謂，自建國以來，就是那般理解。但時過境遷，人不我待，知識分子的稱謂還在，然今日之知識分子，已非一般有知識的熙熙之輩、攘攘之流所能榮膺。

新意識下的知識分子，並非新新人類、時髦概念，古今皆有，中外多是，簡而言之，即為思想者也。也許他們並沒有往口袋上別鋼筆鉛筆，而他們所傳播的知識中，夾雜著特立獨行的思想，往往懾人心神，激人亢奮，催人清魂。我雖屬愛書之人，對此也虔誠頂禮，然想來想去卻想不出如何效學模仿的路徑。當然，我知道思想是不可複製的，但是，像李贄、魯迅、顧準，像奧威爾、密爾、馬內阿，諸多有知識的思想者，都是我們不能忘記的知識分子。認識他們，主要是依憑他們寫出的和留下的文字。同樣是有思想的知識分子林賢治，也正通過他們的著述，展開獨特的思考，試圖對接他們的靈魂，輕鬆曉暢地流瀉出《紙上的聲音》（廣西師範大學出版社 2010 年 6 月版）。

知識分子的思想，大多躍然紙上，如同一曲清心的歌聲，滌蕩心魂，與人清新。聽起來，個個都是獨立的高傲者，流露的都是追

尋自由、民主、法治的理的高調，但細細體會，卻能發現許多與眾不同、且溫暖人心的好些情景：他們近乎狂熱地抨擊黑暗愚昧，反對極權主義，譴責專制獨裁，每一次行動，每一篇文章，每一聲吶喊，隨著時代變遷而如船行風浪上，浮沉起伏，顛簸搖盪，然他們始終思考著如何帶領人們，走進光明、自由、和諧的勝境。他們中間，有出身低微者，有放棄華服高冠的，有直面刺刀烈火的，堅毅的他們，一直奔走在冷箭明槍的夾縫裏。一天，一年，一輩子，曾經的選擇，不變的實踐，獨立的他們為了實現公共空間裏的人們，普遍地分享到自由之光，有擔當地、負責任地、勇敢地堅持下來……

　　林賢治所理解的知識分子，「本身意味著獨立性與公共性的疊合，要求置身於公共空間而立足於個人責任」。我在這裏，選擇他論述中的幾位女知識分子，作主要的分析。其以羅莎‧盧森堡開卷，寫她在著作裏論說革命的短長優劣，表現她肯定革命積極創造一個政治自由空間的真切體會，甚至為了革命理想而獻出生命。在國際共運史上，盧森堡以思想激進、意識堅強的奇女子形象，及參與組建斯巴達克同盟與德國共產黨的革命行動，矗起了一座不可繞過、只能仰視的豐碑。帝國主義者和右翼分子稱之為「嗜血的『紅色羅莎』」。只因思想曾與列寧有過一定的分歧、指責過蘇俄布爾什維克強化專政而取消民主的偏激，引發蘇聯前後兩代領導者對其給予了不同的對待，先是列寧下令出版其傳記和完整著作，後來史達林著文強調她的政治錯誤與理論缺漏，使「永遠是一隻鷹」的盧氏長期得不到公正的評價。但是，她的政治思想在實際中得以了正確的驗證，其對自由、民主的認識，隨同「自由始終是持不同思想者的自由」這一名言，而流傳久遠。

　　盧森堡通過實質性的革命行為，認清了專政下的自由民主。而同樣是出生於猶太人家庭的女性，漢娜‧阿倫特長時間觀察政治社會，對於20世紀革命與極權主義的表現，有著更為理性的認識。她對納粹向猶太人展開的大屠殺，本是從骨子裏的痛切，但當她目睹前納粹分子阿道夫‧艾希曼審判過程時，卻發現「平庸的惡可以毀掉整個世界」。她沒有把這一法西斯劊子手視為惡魔，而是以史實為依據，批判了猶太人委員會集體不抵抗的怯弱與恥辱。在血的事實面前，納粹的滅絕行為是不可饒恕的，而猶太人領導人提供「遣送名單」的隱惡，更是明顯助長、潛在配合殺人集團的暴虐。如此的對一個民族的空前浩劫進行深層次的反思，阿倫特具有了許多堅強的、堅定的反抗勇氣——她從法律犯罪和政治道德上的責任問題區分出來了。殺手與縱容者的默契，造成了無數的無辜者慘遭厄運，我們在憎恨的同時，更不能姑息一些團體、一些大人物為了既得權益而做出的卑劣行徑和人性缺失。讓人稍有遺憾的是，阿倫特在為後人留下類似《極權主義的起源》的優秀論著時，也因年輕時代對愛情的憧憬，使其在馬堡和弗萊堡大學求學時，開始了與後來成為納粹運動思想先聲的海德格爾亦師生亦情人、時斷時續的長期關係。海氏寄予民族「覺醒」厚望的納粹迫使阿倫特一再流亡，阿氏始終堅持研究極權主義、反抗納粹暴行，二人之間曾有短暫抵牾和激烈論辯，但不可釋懷的愛與思，讓重逢後的阿倫特無可奈何地返回德國為海氏作證。

　　同樣是有文化的女性，同樣是與德國相關聯的女人，萊妮‧里芬斯塔爾卻站到了盧森堡、阿倫特的對立面，藉著手中的鏡頭和膠片，在榮譽和利益的驅使下，為希特勒執導了一系列反映法西斯意志的影片。無論是納粹黨代會的宣傳片，還是柏林奧運會的紀錄片，這位「大眾的戲子」、「權力的寵兒」，甚至有著希特勒情人嫌疑

的里氏，總是盡心盡力、傾情傾才地創造著藝術的佳構、政治的工具。可能她是政治道德意識的盲童，但不可改變的史實，雖然使其藝術編造成功了，而思想上的懵懂與無知，帶給她的只是政治道德身體的嚴重失水。

　　林賢治將中國女性蕭紅譽為「現代中國的一位偉大的貧民作家」，寫她的善美與真愛，寫她的悲憫與同情，寫她批判民族文化的專制同社會的不公，同時，結合其婚戀變故、貧困生活、女性窮人、詩性悲劇及生死文學的現實，充分展現了蕭紅式的自由和孤絕。受魯迅看好的蕭紅，早年受盡父親冷酷折磨，又遇人不淑。後遇到蕭軍、端木蕻良，雖都興趣相投，但一個待其如小孩能共患難、難做夫妻，一個賴其似姐姐而忘記了給妻子疼愛，最後只有困苦和寂寞陪伴蕭紅紅顏早逝，只有諸如《名利場》、《呼蘭河傳》一類的經典文字留給後世，重現她不屈也不悔的心路歷程。

　　林氏所觀照的女知識分子，雖不是女權主義者的傑出代表，但在自由與民主面前，大多具備了獨立的意識。同樣，在他筆下的男人們，也幾乎都是為民眾謀求、呼籲自身權利的錚錚漢子。不論是單槍匹馬、單打獨鬥者，還是善於發動群眾、運用輿論者，他們都有著不懼威權、不避危境的性格與風采。也許是潛意識裏的思想作怪，使他們不能規矩地行走著固定的意識形態中，他們反對極權與專制，他們聲討殖民主義和強盜行徑。然而，在他們中間，也會出現許多意想不到的事情。在阿爾及利亞獨立事件中，法國知識界爆發了一場支持與反對的思想戰爭，本是至交的薩特與加繆因政見不一而分道揚鑣，然原形同陌路的阿隆卻同薩特走到了一起，不論國人如何諷刺、媒體怎樣謾罵，阿隆自始至終地堅持維護阿國獨立的思想。能榮膺諾貝爾文學獎，是作家所在國的驕傲，但是蘇聯當局

極力阻擾帕斯捷爾納克與索忍尼辛前去瑞典領獎，甚至恐嚇他們、流放他們，剝奪和扼殺他們發表自由的權利。

對於中國思想者的認識與理解，林賢治也是極其冷靜的，不拔高，不諉過，讓我們看到了一系列在人格、思想和藝術上健全豐滿但又充滿矛盾張力的知識分子形象。不論是追思魯迅、耿庸、彭燕郊、黃河等，還是為《中國作家的精神回鄉史》、《鄭小瓊詩選》、《中國文字獄》、《我是農民的兒子》等寫前言、作序，或者是漫談思想者文學、底層文學、介入文學等，他都認真分析知識分子的精神回鄉的艱難歷程，深入淺出地論說思想者的平凡同非凡，品味他們的文字內涵與精神外延，描繪他們的自由夢想和苦難人生。當然，每每觸及他們無上尊嚴的塑造、人身權利的捍衛及對國民性缺陷的批判，總是飽含激情、滿懷憧憬。

林賢治廣泛地精讀所感興趣的知識分子的著作文字，並結合當時的現實背景，盡可能地發掘他們的堅毅選擇與勇敢堅持，使人在詩化的言語和理性的思辨中，觸摸到真實的歷史同獨特的思想。他關注、審視和反思知識分子問題，無論是敘述多位西方著名知識分子的人生尋求，還是探討知識分子與國家、社會、革命、歷史的關係，或是解析作為理念人和實踐者的知識分子的價值觀念與人格建構，他都堅定地將平靜思考、平實批判的精神，傾注在開闊的視域、維新的觀念中，使之不「空洞、含糊、乏力」。因為這些裝滿了跋涉者們嬉笑、怒罵、歡欣與期待的「紙上的聲音」，全是他們內心知識的體驗、自我解放的歌聲，而在其中，除了散發著理想的光亮和精彩外，更多的是對人民與人類、國家與世界最真摯、最本真的激烈情思。

（原載《南方都市報》2010 年 8 月 25 日）

足跡中的智慧與理性

　　能夠長時間地在生活裏、工作中、書本上，借助思考與寫作的方式把心靈袒露，真實地流溢出內心的喜怒哀樂，不能不說郝安是一個有心的性情中人。也正是由於他的有心思考，在或有意或不經意之間捕捉到靈光閃爍的話語，使得他或長或短的文字，不時跳躍智慧的光亮。每一篇思想隨筆，都是工作與生活、理想與現實的結合。在他的字裏行間，思索著政治、文化、歷史、經濟等方面中國與世界的差距及連繫，讓我時常感受著一種心靈的寧靜。

　　翻開他的思想隨筆系列《思想的步履》（中國大百科全書出版社 2008 年 10 月版），幾張原生態的照片，作者給我的印象是面相敦厚真誠，眼睛裏時有一份文化人特有的而又理性的善良與平和。無論是坐在偉人曾經坐過的椅子上，還是站在昔日海戰或今天藝術氣息未減的土地上，或是立於荒涼沙漠、美麗水鄉、蒼涼古城、雪域高原或繁華歐洲，他都是平靜地觀察，冷靜地思考，寂靜地回味，傾心地敘述出流蕩智慧、理性與光彩的一組文字。

　　郝安的思想軌跡，在動中享受幽靜，在靜中暗藏靈動，文化氣質不時得以彰顯，藝術個性頻生新的美感，夾持著清新思想的文字確有一種文化人的書卷氣，透露出幾分激越的張力與一個多彩的心境。他慧眼洞悉歷史上、現實中的悲歡離合，堅持著對真理、正義、良知與責任的肯定，在這個充斥過多否定與虛無的時代，不為變幻莫測、目迷五色的環境所左右，形成自己傾注情愫的思想。

社會的發展，文化的賡續，現實的維新，一切的一一，都離不開思想者，更離不開有益人類生存、延續的思想。郝安置身在物欲近乎橫流、精神日趨凋敝的現實環境，骨子裏、精神上、靈魂中，牢牢地以一名理論學者的身分要求自己，在選擇和堅持中，一以貫之地抵抗外界的干擾與誘惑，不論是物質上的，還是意識形態上的，他的洞察，他的體悟，自是一份操守與創新，更是一種坦率和毅然。他以近乎政論而激情洋溢的文字作為憑證，形成了系統的、個性化的自由語言與思想主張，不為非良性社會因素挾裹，貌似有些人眼中冀圖贏得衛道美名的模樣；他總是義無反顧地用理性文字，匯流出一股勃勃的寧靜悠遠的詩意，捍衛社會的進步與民眾的福祉。

步履者，可蹣跚，亦可從容，不管是看著耐讀的書本，還是走在悅目的勝境，郝安都是用心地找尋自己需要的東西，努力營造較為平和自在的生活場景，點染出靜態、悠閒的詩情畫意，與現代緊張的生活狀態形成了鮮明的對比。正是如此，《思想的步履》中，58 篇文章，或走近古城、紀念長征、到延安去，或訪四賢祠、滴水洞、花明樓、西柏坡、圓明園、劉公島，或去三亞看海、美國看橋、費城看鐘、歐洲看文化，或在羅浮宮閱讀巴黎、泰晤士河畔邂逅霍金、義大利感受藝術魅力，或讀古籍新著、老書新篇、深情家書，如此等等，洋洋灑灑中映藏了一種文化的張力與赤情，流走著一個靠思想站立的人的憂樂和真情。郝安在寫作之前應該有、寫作之中保持著、寫作之後也會是追求一個人們熟悉但無法模仿的境界，這些簡單與不簡單，辨識著執著與掙扎、迷失與回歸，慢慢地浸潤著我的感覺與魂靈。

寫到這裏，我不由想起了一個典故。有一次，東坡到金山寺與佛印一起坐禪。坐了一個時辰，東坡覺得身心通暢，內外舒泰，便

忍不住問佛印：「禪師，你看我坐禪的樣子如何？」佛印看了一下東坡，點頭贊道：「像一尊佛。」東坡非常高興，佛印隨口也問東坡：「你看我的坐姿如何？」蘇東坡揶揄地說：「像一堆糞！」佛印聽了，並不動氣，只是置之一笑。東坡高興地回家，告訴蘇小妹，說：「我今天贏了佛印禪師！」蘇小妹頗不以為然地說：「哥哥，其實今天輸的是你。禪師的心中有佛，所以才看你如佛；你心中有糞，所以才視禪師為糞。」蘇小妹的一番話語，點醒了清高的蘇大學士，也讓我在深層次上感知了郝安思想中的虔誠與天真。

可能那真是一個子虛烏有的故事，但時至今日，仍有不少人如懷才傲世的東坡居士，在現實的市場經濟、民主政治、法治社會等面前，缺乏足夠的現代文明認識，一扯到洞察人性、解讀社會，就是皇皇大篇，卻不是概念模糊、邏輯混亂，就是目光短視、歷史錯位。而郝安有一懷寬容心理，心中有佛，在思維深處堅持中國文化主流地位的同時，自由思考，自由言說，而又理性把握、冷靜分析，善於觸摸到歷史的、文化的根本，敢於走出國門找尋異同，為科學發展觀下的中國思想文化進程提供自己的力量，而不因曾經的歷史漏洞、文化軟肋而遑論什麼是極權主義、哪些是殖民話語。他看待世界，有佛印的心胸，同時也有古時佛家人無法比擬的辯證眼光，在《思想的步履》中，他基本上採取了智慧和理性的態度，來面對歷史的、現實的、中國的、外國的政治、經濟、文化、藝術，總是善於從磅礴正氣、黃鐘大呂、時代旋律的大事、大情、大理中寫人、寫情、寫思想，再昇華到美學價值上來；全書近 30 萬字，我全然沒有看到無病呻吟的瑣細、惆悵、朦朧，作者理性的把握基本上湮沒了平常人特有的小資情感。

天才詩人蘭波說，生活在別處。小說家米蘭・昆德拉也說，生活在別處。其實，有了快樂的思想，生活並不在別處。不論生活在什麼地方，思想都是不可缺失的。有了真實的思想，生活就在太陽底下、花前月下，就在你的身邊、你的左右。郝安也說過這樣的話：世上所有的美好莫過於此，微風在後，陽光在前，好書在手，朋友在旁。沿著他「思想的步履」輕鬆而行，跟著他遊山水、訪名勝、看好書、探名人，陪同他在革命聖地、文化勝境、歷史遺跡叩古問今，哪怕是一方城磚、一捧泥土、一杯清茶、一瞬年華、一紙家書，都不難發現他思想的自由與厚實、冷峻與凝重。前輩新聞人梁衡讀他的文字，認為這是「一本讀書的思想筆記……作者是一個愛讀書的人，他在自己受益的同時，也為我們推薦了許多哲理名言」……郝安愛讀哲人們的思想文章，擅長寫自己對待生活、對待人生的清新文字，酣暢淋漓，騰挪有趣，自然地用自己的文采和思想感染熟悉的、不熟悉的讀者。他是一個能走長路、讀厚書的思考者，一直以智慧和理性的態度熱愛生命、善待生活，在吸納萬卷書的營養、萬里路的艱辛之後，如蠶吐絲，提煉出自己的所感所悟，嘉惠鄰近的、遠方的人們。

郝安善於觀察繁華世間中的萬千變化，樂於用新穎的觀念、開闊的眼界打量身邊的人事，即便是走在陌生的荒原、生疏的國度，也善於循著歷史的足跡重新觸摸不能忘卻、不能忽略的故跡餘溫。熱愛讀書與寫作的他，不僅僅是一個不喜張狂但熱情激揚的思想者，更是一個知道怎樣縱橫思考、大步行走的快樂行者。他雖不是步行千里萬里的苦行人，卻憑藉現代化的交通工具，走過了更多的路程，一路走來，他記下了各地的風土人情，考慮著中西文化的交流與融會；也利用點滴時間，在人文科學、社會科學的土地上大道

而行，談一個人，論一本書，說一個地方、一件史實，遠近材料都
被他運用得得心應手、自然合體。

　　無論走在什麼地方、哪個角落，都在郝安的文字中，悄悄跳躍
出善美與真摯的聰明言語，這些不說俯拾皆是，但時能不期而遇。
在《讀書筆記》中，中外古今諸多名人的讀書法，讓其自如拈來、妙
手安排，勾兌出思想盛宴中的苦辣酸甜，耐人品味遐思，誠如其所言
「就好比走在一條路上，儘管彎曲，儘管坎坷，但每一本書都在為
你堆砌成功的階梯。然若能從天下萬事萬物而學之，經世致用，你便
能踏著這個階梯，一步步登上人生在世的至高境界，景色無限」。在
日益喧囂、躁動的物質世界，我們需要無數的人如郝安一樣具有慧
眼，發現一些實實在在、真真切切的事實，樂讀人事，悅覽天下。

　　站在鏽跡斑駁的古炮台旁邊，他似乎看見了百餘年前的海戰場
景，而沒有簡單地、憤慨地發出狹隘的民族主義罵聲，沒有高喊「中
國可以說不」、「中國不高興」，而是凝望著既鑄有丁汝昌、鄧世
昌等民族英雄造像、又鑄有一隻和平鴿於上的巨鐘，冷靜地寫下「這
是在詮釋戰爭與和平的深刻內涵，是在告訴每個到這裏來的人，不
要忘記百年前的那段歲月」。輕踏靈渠，漫步四賢祠，在夕陽落照
裏他發出這樣的慨歎：其實這裏不該是一個旅遊點，它更應該是一
座立於天地間的豐碑，是一處供後人感懷憑弔的地方，一個借古論
今的所在啊！走在文藝復興的興起地，他漫步古代藝術與現代藝術
連接的街頭，頗有感觸：「歷史和現實、政治和宗教、自然和人文、
建築和藝術，在義大利就這樣既矛盾又和諧地相融相處，且魅力無
限。」郝安的思想是平實的，步履是平穩的，在平靜的智慧與理性
和諧融處的文字之中，他的思想步履，每一步都有帶給讀者的、我
期待的無限魅力。

　　隨著社會生產呈加速度發展，人們已在錯綜紛繁、複雜多變的工作上、學習中，弄得不堪重負，尋找解脫。於此時機，閱讀一本如同《思想的步履》一般擁有思想的文化讀本，開闊眼界，轉換觀念，自由愉悅地安排業餘時間，簡簡單單、輕輕鬆鬆，實在也是一個很好的解壓、釋負的方式。

　　也許《思想的步履》正是帶有一些如此念想，郝安在編輯工作、理論研究之餘，有了行走過、思考過、寫作出的淡淡足跡。而這一份淡淡的感覺，潛在地使得《思想的步履》的裝幀設計，無論是書影、扉頁，還是目錄頁、正文版式，乃至書的整體設計，堅持和選擇了新穎獨特的創意、簡潔明快的畫面、深刻豐富的內涵，如同一股清新之風舒服人眼、愜意人心，確乎藏有讀者喜歡的許許多多的視覺效果。

　　郝安靈動灑脫的筆調，沒有遮蔽住濃郁的憂慮和感歎。看得出，他是一位肯動腦，很刻苦，又滿懷憂國之情的人。無論談歷史、談現實，許多事理在作者胸中衝撞、激蕩和沉澱，都不離開對國家、民族的憂心，最終釀成為裹藏在一篇篇文章中的思想；這些凝聚在書中的思考與思想，始終保持著一種給人親近的質感與情感衝擊力，寫出了郝安眼中、心裏感受的具體事實、知性認識，生動、流暢而不失厚重感，可以視之為一個知識分子的思想感悟和心靈筆記，對於更多的中國新時期知識分子具備時代使命與擔當精神，有著很好的啟示價值。

（原載《新湘評論》2009 年第 6 期）

思想與現實之間的距離

　　曾聞傳言，《我讀》不為梁文道認可，是一本偽書。書中標示，書乃梁文道主講，非其親筆為之，係東家鳳凰衛視出版中心編選成集。如有爭議，當是二者之間於版稅方面分割不均；另梁氏新書《讀者》屬同類題材，正在市場走勢良好，而《我讀》尾隨，難免影響，引發梁氏微詞。翻讀《讀者》（鳳凰衛視出版中心編，上海三聯書店 2010 年 1 月版），其中多講外版圖書文化，然《我讀》為梁氏觀感中國內地書業，二者同行，全面反映道長讀書風采與識見。而我輩讀其文字，則是循其思想、理路，去感知生活化讀書非尋根究底的歡欣、快樂與深遠，感受書本之外的思想與現實的、難以縫合的距離。

　　置身於全球化、市場化與現代化多重大潮面前，挑戰、機遇和風浪催動繁忙奔波的都市人，在享受快節奏生活的同時，很少有時間和心思靜心讀書。除了應對式的在網路、電視上搜獵一些時效訊息外，稍有空閒便會無可奈何又情不自禁地參與到多樣化的娛樂中來，以便鬆解緊張忙碌過後的生存神經。鳳凰衛視打造一個日播節目，喊出「每天一本書，只要八分鐘」，試圖通過《開卷八分鐘》中梁文道輕鬆、活潑而不失深度的讀書形式，方便觀眾簡利地碰觸到書籍的精髓，進入一個又一個迥異又奇妙的書中勝境。梁文道主講《開卷八分鐘》，雖貌似講故事，但擇書多樣化，諸如文學、歷史、科學、思想、財經、商業、宗教、人物傳記等不同類型，此即

要求了主持者須有很深的文化造詣和良好的文化修養。梁文道經受著長期的閱讀修煉，一邊詮釋所讀到的書中知識與思想，一邊結合社會趨勢和社會熱點話題來補充拓展，在鮮明獨特的延伸部分，讓我們讀到了《我讀》中敏銳的文化批評與理性的社會反思。

《我讀》中四十三篇讀書文章，分屬於讀書這件事、文藝進行時、思想雜草、萬象與知客五部分，為我們傳遞出了通俗耐讀、深入淺出的讀書訊息。梁氏擅長於結合時事政經、生活閱歷，展開縱橫思索，勇敢地表達自己的觀點與認識，而不誇大其詞或誇誇其談地訴述富有時代責任與社會擔當的閱讀評判。

梁文道於無自拘處讀書，讀其中的深邃與涵蘊，毫無恐懼名家高手或超級暢銷書本而忸怩作態，不去過譽，要不諱過。他選擇向讀者說出真實的讀書感受，堅持以書作為基點生發出書外的存在涵義。

日前諸家媒體或不少論壇紹介此書，多以梁文道批評王小波寫作過於色情化，製造噱頭，意欲引發梁文道爭議或王小波重新炒作。王小波確是一個讓人遺憾的非主流文化現象，生前少為人知，死後聲名大振，有人發起重走小波路的所謂朝聖活動，或大肆鼓吹王氏文筆可獲諾貝爾文學大獎。但，平靜下來，仔細審視，王小波縱然特立獨行、自由思想，而已成過去人物，我們除了傳播其不朽的文字之餘，更應考察其成功之處，以便後人有新的超越。榜樣是人們樹立起來的，能使人們得以振奮的力量，但一味吹噓其這樣好、那般好，好得前無古人後無來者，那麼王小波即使有靈在天，也只能在受寵若驚的同時搖頭歎息。梁文道充分肯定王小波是一名非常不錯的作家，「鼓勵大家特立獨行，要堅持自己的想法，要自己掌握思維的樂趣，獨立思考，勇敢打破禁忌跟愚昧」。但是在王小波逝

去十年後，有不少人高喊敢於思考卻怯於思考，在禁忌和愚昧面前貌似反對實則固守。他們做的是深思真語的樣子，卻聞知李銀河欲打破禁忌時，大呼閉嘴。一些人口口聲聲尊重自由思考，卻甘心躋身王小波門下走狗大聯盟，學習已故先師尊嚴獨立的風采，自己倒成了妄自菲薄、顛覆平等的衛道士。

梁文道對於傳道說教之書，大多不屑，但涵蘊文雅、傳播文明的書本，總是津津樂道。不論是單人系列，還是某家專作，還是綜合性讀物，他都是認認真真地解讀著，大大方方地為讀者收羅、佈施更多的光亮。張愛玲的《小團圓》，雖篇幅不長，但真正面世時，卻被人們吵嚷成了一部年度大書。梁文道從亂世之中現蒼涼、「漢奸妻，人人可戲」與「因為懂得，所以慈悲」三章論述，探究張氏遺作中的諸多選擇與堅持、忠誠與背叛等問題，發現了小說中固有的蒼涼富麗的歷史觀，更在深層次上揭示了張氏為何二十年間幾易其稿後遺言禁毀此稿的真實原委。論及《射雕英雄傳》、《笑傲江湖》和《鹿鼎記》，梁氏發現金庸武俠小說世界，刀光劍影中雖有不少驚心動魄的場景，但他對於女人的描寫，除了依附就是邪惡狡詐，而所謂的大俠奇才在政治面前，幾乎都是癡狂的民族主義者。他對於金翁所述，表示有許多不解，緣何這多女子中鮮有武功一流上乘者，就連神功蓋世的東方不敗原是不男不女的自宮者；而韋小寶雖有多位漂亮的妻妾環繞，但在民族主義面前，總是被正義之士逼得東躲西逃。

梁文道所讀，均為大眾讀本，如反映三十年來閱讀變遷的《私人閱讀史》、渲染純愛感動情緒的《山楂樹之戀》、詮解知識態度是謙遜的《丈量世界》、尋思以愛欲作為教育本性的《大師與門徒》……在他讀來，毫無隱晦枯燥，亦非淺顯簡易，所夾帶的多為

清新盎然的智慧與思想。雖然書中內容多為社會現實的映藏，或不可逃避的縮影，然流走的思緒與感悟，時刻警醒我們不能為了思想而遠離生活，或享受生活而忘記思想。思想與現實之間，確乎存在著不可塗抹但能夠縮減的距離。但，我們需於現實裏發現隱惡所在，在書中找到思想的真實，從而展開切實的思考與行動。

對於有思想的圖書，我們不能使之定格在錢穆、錢鍾書、陳寅恪等純學術讀本之上。易中天、于丹、李零的傳統文化通俗解讀本，照樣具有存在意義和傳播價值，不然通過粗淺話語承載樸素道理的《于丹〈論語〉心得》，斷然不會發行七百萬冊，甚至更多。梁文道雖不完全贊同于丹們的做法與說法，但他對於學術明星們在弘揚經典文化上所作出的努力，予以了「功德無量」的讚語。

1970 年出生在香港的梁文道，沒有經歷那一場萬劫不復的中國大災難，而其花費兩章篇幅講說《七十年代》，在那三十個歷史夾縫裏的青春故事中，找尋到寫著畫著唱著做著文藝夢的張朗朗、把詩歌貼在北京街頭的朱正琳、不打電話也能約會的李零、尾隨紅衛兵抄家在華僑老人那裏學知識的韓少功、聽到毛澤東逝世訃告後有著奇怪想法的北島、文工團裏的王安憶、在食堂裏遭遇所謂階級敵人清查的朱偉以及蔡翔、黃子平們年輕時代的成長經歷。他對歷史記憶的特殊環境中，從走出七十年代之後，逐漸成為二十世紀末以來中國社會中最有活力、最有能量、至今還引起很多爭議、為人所特別關注的知識群體，進行了肯綮入裏的評價，分析他們在痛苦中艱難掙扎的無可奈何，讓人在「語言變化中的文藝潛流」裏發現了沒垮掉一代的感覺與情欲。

對於梁文道所提倡的書皮學，有學者認為過於娛樂淺薄，拿書說事，沒有涉及文本本身，顛覆了傳統閱讀方式，不足以導引正常

讀者，甚至有致使需要心靈慰藉、人生智慧的讀者誤入歧路的嫌疑。但是，細讀梁氏的讀書文章，不難發現其目的在於引導讀者借助某書，去發現、改變現實與思想的距離。縱觀國內讀書界，推薦新書的文章，有不失阿諛炒作的，也有學理性過於強烈的，或偏重於書話天馬行空瑣碎漫談，真正能啟發讀書興趣者，已屬不多。梁文道的閱讀方式，談書論人，時事人文、天文歷史、中外古今，多方相容，並非單純的就書論書，屬於淺閱讀範疇，卻能使人讀到了更多的人文科學與社會科學的智識。我們在閱讀《我讀》時，既可以因為其在開放的姿態中，又能洞察到他眼界開闊、觀念維新的實質所在，更需找到所論作品進行深閱讀，從而發現梁氏讀書不曾涉及的缺陷和困惑。

（原載《天津日報》2010 年 3 月 15 日）

女博士看美國

　　自 19 世紀上半葉開始，便有不少赴歐美、日本的中國使節、參贊、知識分子一類人士，將觀感寫成了旅外遊記、日記、隨感與雜錄，如 1847 年容閎留學美國寫成《西學東漸記》，1866 年張德彝遊歷歐洲所作《航海述奇》，1867 年王韜去巴黎、倫敦後著述《漫遊隨錄》，1878 年徐建寅考察德國造艦、兵工寫的《歐遊雜錄》……當中有一位女士，即錢學森的伯母錢單士厘，遊走西洋多國，留下了《癸卯旅行記》、《歸潛記》。眾人切入角度不同，表述方式不同，但行文目的是一樣的，就是希望促使更多的國人開闊眼界、維新觀念，瞭解西方的政治、文化、宗教、教育、經濟、財政等，學習先進的憲政法律、社會文化、思想教育、人文風情。

　　這是中國人第一次大規模走向世界的思想行動。他們勇敢地選擇和堅持，使我們在一百數十年後的今天，還能意識到中國社會的不足和缺失。來自部隊大院、當過文藝兵且有國家幹部身分的瑪雅，於新時期隨同留洋熱流，來到澳洲學習英語，後轉赴美國留學，取得政治學博士學位。與當時出外鍍金而停留不歸的大多數人不同的是，她學成歸來，加盟香港鳳凰集團，成為《鳳凰週刊》副主編，以一本不厚也不薄的《親歷美利堅》（生活・讀書・新知三聯書店 2010 年 7 月版），將在彼岸生活、學習時所見到的家庭生活、社會感悟與政治印象，形成了重新走向世界、回歸中國的寫真、繪本和影像。

在美期間，瑪雅從大學本科讀起，經碩士，成博士。這位已為人妻人母的秀雅女子，經受住生活上的般般艱辛、學習中的種種遭遇，在日本店打工補貼生活費用，在充滿黴氣的儲藏室住了近兩年，在深夜思念故國老母、愛人與幼兒而潸潸落淚，在另類規矩、習俗和人格的環境中慢慢磨合，在中美不同文化、世俗同信仰中使見識、智慧和心神一同成長……她在這個令不少人神往的自由國度，目睹身歷了許多不為國內讀者所知的尋常人事，從而有了屬於自己也能介紹給他人的經歷同經驗。

她在桑米諾街 482 號，前後租住了五年。房東是一戶上等中產階級家庭，又是一個軍人世家，男主人的外祖父與父親都出身於西點軍校，其同弟弟也當過兵，參加過越戰。讓人驚訝、令人感歎的是，他年過八十的老母親不論媳婦有多麼不情願，依然堅持在寓所正面立起一杆，升起星條旗。看似無需驚奇，但從此可見美式愛國主義教育，真正落實到了普通人家。他們不但獨立日、宗教或政治聚會，需掛國旗，就連公園鐳射表演、平常居家生活，都能使人見到迎風飄揚的國旗身影。這是一種愛國的象徵和傳統，也是一種民族的精神與體現。雖然有些直白，但絕非是歐洲人所誤視的美國人幼稚膚淺、缺乏內涵的那般情景。瑪雅深受感染，在老太辭世後，還提示房東重新升起國旗。她在這裏，明白著愛國的內容和真義，愛的不單純是效忠誓言、激進運動的轟轟烈烈，而應愛在細節生活的點點滴滴、時時刻刻。

瑪雅是一位年輕母親，對青少年兒童的關注，時常體現了高尚的母性。一位朋友帶來兩張照片，一張是一個不滿一歲小孩抓起冰糕紙爬向果皮箱，一張為幾個遊玩的小男孩停住自行車而生怕驚擾了湖畔的大鵝，她油然想到有孩子摔倒後，美國媽媽總一個勁地鼓

勵小孩自己爬起來，而中國母親卻趕緊上前抱起小孩問長問短。相比之下，在公共場所，很難聽到美國孩子的啼哭，而很多時候不難遇到中國孩子的嚎啕。這是為什麼？需要我們中國家長好好體會自身行為的利弊。瑪雅多次接觸美國孩子，發現他們很早就能獨立自主、勇敢自立，也感受了他們的早熟，十多歲就朦朧地有了同性戀、避孕套、婚嫁之類的成人化意識和言論，隱約產生了一些不容短視的憂患。她期待可愛的孩子們，能正確認識青春與性愛的真實和責任。

作為一位政治學者，瑪雅對美國的政治、法治、民主、自由與憲政，自然不可避免地要進行研究，也必不可少地接觸其中的具體表現。她曾親歷柯林頓和老布希的總統競選。她身邊的市民、同學與教授，都支持柯林頓，原因是其所代表的民主黨注重福利、關注民生，贏得了佔有極大多數的非富人群體。布希對中國比較友好，瑪雅對其有著好感，但她的理由卻很難得到身邊人的理解。美國的競選，離不開大量的金錢支援、大肆的宣傳影響，甚至還有很多匪夷所思的攻擊，然而法律對選舉權的規定、一人一票的民主選舉，卻使她明白了一定的美國政治真相。

瑪雅對多任白宮主人，甚是熟悉。她與卡特有過交往，欣賞卡特講演時的機智和幽默，感激卡特對中國村民自治的熱情關注與傾力支援，還得到過卡特題字簽名的回憶錄，以及卡特對自己刊物的題詞祝福同鼓勵。她從卡特所追求的世界和平與和諧的願景中，找到了代表著善良和正義的人心所向。此外，她對小布希不時對外用兵、柯林頓在情債背後的掙扎，以及曾身處中美恩怨中，後以演員身分謝幕惹得讚罵不絕的雷根等，都一一展開了審慎而合理的分析。

　　讓瑪雅難忘的是，曾有四位美國總統，對中國改革開放總設計師鄧小平，紛紛給予了極高的讚賞。卡特把同鄧小平的談判，視為一種樂趣，稱在其身上感受了中國人為何是世界上最文明的人的原因；雷根由鄧小平「厚實的肩膀和黑色、給人印象深刻的眼睛」，而有了永久難忘的印象；尼克森從鄧小平的遠見中，發現了由改革的成功帶來的自由；布希不論中美關係是否陷入難局，都自始至終將鄧小平視為老朋友。瑪雅帶著深情、懷著感激，將四位總統筆下的鄧小平形象，作了一次翔實的勾勒，讓我重溫了巨人之間偉大的尊重與崇高。

　　瑪雅遊學美國十年，沒有把自己長期關在圖書館、實驗室裏，而是多方面、深層次地觀察美利堅這一片年輕而繁榮的土地，感受發生其上的風土人文、世事變化、時局動態和道德倫理，思考演繹其間的社會、歷史、國家、政黨、民族、制度與意識形態等重大話題。縝密的思維，流暢的文字，細緻的描述，健朗的勾畫，讓人不得不樂意循著其個體奮鬥的心路歷程，近距離地接觸美國的真實，這可以發現其認識美國主流社會的深刻與寬廣，還足以體現她理解中美人文差異而反映的親切。其中，有她對優秀事物的強烈激賞，也有對社會隱惡的深度針砭，更有許多提供給中國人自我觀照、清醒反思的借鑒。瑪雅用鮮活的事例、清晰的導引，將自己留學的收穫、慰藉與感傷記錄在《親歷美利堅》中，讓我們不僅感知到她在異國走著艱難、走向亮堂的歡欣與鍾情，更能透視妙趣文字裏的精彩和理性，看到了不一樣的境界與力量，產生了與眾不同但非溢美諛過的期待和憧憬，更發現了不同於一百數十年前那一批睜眼看世界的知識分子的清醒同超越。

（原載《南方都市報》2010 年 12 月 5 日）

兩種思維的同一期待

　　章詒和、賀衛方，一個是治學戲曲文藝而不時綻放知性光亮的
專研機構研究員，一個為傳播法治思想且長期處於理性之中的高等
學府教授。2009 年春，賀衛方赴石河子大學支教，向京華發回一系
列天藍雲白、山高冰厚的照片，引發了章詒和意欲聯袂行文的念想。
他們的嘗試一步步成功了，一起寫塔里木河畔的花草風情，一同看
大漠殘陽下的天山人文，就著《四手聯彈》（廣西師範大學出版社
2010 年 4 月版）的一紙素箋，慢慢地寫滿回歸自然的樂趣與遐思，
寫出修復歷史記憶和蒙塵心靈的清亮自由。在素樸的畫面中、自然
的文字裏，我們看到了他們不願失去、人們漸已離別的內心深處的
溫軟澄澈。

　　他們對於新疆都是熟悉的，章詒和曾經兩年三度進疆，賀衛
方正在當地朋友的陪伴下四處欣賞。雖然把「世俗、趣味、隨意」
奉為宗旨，將「無政治、無思想、無鋒芒」當作特色，但在他們集
結話題、傾訴話語時，總能配合得十分和諧，相得益彰。他們沿著
走近邊境的路線放眼四野，感觸高大胡楊的頑強神聖，遠望高原上
的異國風光，想像唐時玄奘取經歸國翻越帕米爾的艱難，一直通過
觀光、閱讀和瞭解，發現尋求法治的歐洲與推行憲政的日本的人文
精彩。

　　《四手聯彈》主體三十八篇文章，分為甲、乙、丙三輯，由章、
賀二人分說對新疆風土人文的觀感，在瑞士、德國、日本、緬甸的

現實觀感與歷史沉思，以及諸多優秀著作和作家對他們產生的影響。漫遊在二人夾帶思想與智慧的流利文字中，除能隱約感知獨特風情外，更多的是美的享受、史的熟悉、情的熏染、理的回味。這一切的一切，雖是文隨圖走、圖襯文美的結合，但早已將兩位不同學科研究者的心思情趣，糅合一體，帶給我們許多歡欣、清醒與夢想。

　　一次，賀衛方剛剛享受完陽光燦爛的中午，突然發現天山暗淡下來，美麗的白雲驟然變黑，頓時幾聲驚雷，引來了無數雨點。他興奮地拍下一組照片，其中一張記錄黑與白的「烏雲密佈」，讓章詒和想起了剛剛辭世的麥可·傑克森。舞台上的傑克森，黑髮白面，黑夾克白手套，黑鞋白襪，人們在歆羨其聲色並茂的同時，也分享了他瑕疵頻出的尷尬，諸如整容遭人非議，怪異的動作尖叫讓人作嘔，不少國家幾乎禁播他的節目。章氏經過長期觀察，發現傑克森的歌聲，有一種敲擊心靈的文化力量，能夠迅速化解政治的、宗教的、軍事的、種族的分歧與隔閡。她感受到一份大慈大悲、大仁大愛，啟發了賀衛方透過傑克森死後變童案真相大白的悲屈，連繫到小報記者們挖空心思、玩盡手段地攫取名人隱情迷失，造成試圖安靜工作、溫馨生活的大腕們，膽戰心驚，防不勝防。傑克森帶著莫須有的恥辱走了，戴安娜懷著莫名的恐慌死了，張國榮在狗仔隊殘酷無情的包圍圈中魂飛天國了，然有些人喜歡藉著無冕之王的鏡頭與筆尖，肆意製造一種黑色利器，任意肢解並非超人的明星們的缺陷污點，無邊際地炒作，無限制地放大，使得所謂大白於天下的工程，亟須打假打黑。援引此例，不是鼓吹迴避報導陰暗面，但不主張借助誇飾隱私的娛樂性，而丟棄基本的職業操守與道德價值，否則再多的輿論監督、言論自由，也會喪身於大版面、長篇幅的淺薄庸俗的表現中。

　　章、賀共賞關於異地風土的圖片，借題發揮，別出新意，由天空中的一片雲，想到了與張幼儀、林徽因、陸小曼先後相愛的徐志摩從高空墜落，聽到了老卡拉揚與小基辛演繹的精彩華章。這些人從事著對生命與藝術的追求，但各有特色，有戛然而止的，有生生不息的，但留給人們的都是美好的回憶與遐想。二人漫步塔什庫爾幹的石頭城遺址上，走近落日餘暉中的喀什古城，或站在慕士塔格峰下看陽光裏的厚厚冰山，一邊尋找風沙痙埋的歷史遺跡，一邊哀傷清朝官員缺乏文物主權意識，方便了馬繼業和西方探險家們哄搶中國古文物的勾當。當我們走進西方博物館時，時常能發現貼有中國標籤的器物，不由感歎昔時中華為地大物博沾沾自喜，而不能妥善保護、善待歷史文化遺產。

　　在瑞士的納沙泰爾城，賀衛方參加紀念瓦泰爾著述《國際法》出版 250 周年的研討會，一路觀感，頗有體會。他忘不了 1839 年林則徐在廣州主持翻譯瓦氏著作片斷的史實，他理解了讓西方法學界感到驚訝的「中國的瓦泰爾」。翌日歸國，賀氏出席北大法學院畢業典禮，以此發揮，聯想到一生為學術自由、大學獨立而奮鬥的胡適，追憶老校長曾參與中國早期的憲政建設，尋求新聞自由與司法獨立的不倦人生路。李敖在北大講學，建議於未名湖畔塑一尊胡適像，而賀衛方更是期待胡適精神永存人們心中。塑一尊雕像不難，難就難在我們如何記住一個人，記住他曾經的努力和遺留的精神。後人瞻仰塑像，除了對前賢滿懷崇敬虔誠外，最好能循其走過的路、擁有的思想，繼續走下去，昇華到另一種嘉惠、激勵後代的勝境。賀衛方在日本國會主建築的大廳，看到四角中的三處分別供奉著該國憲政先驅板垣退助、大隈重信與伊藤博文的雕像，而一角的底座上空空如也。一番對話，幾次沉思，他明白了為何底座上空白的緣

故，也理解了再立一尊銅像的渺茫性。雖然賀氏認為著有《激蕩的百年史》、解讀中日關係很有道理的吉田茂，及二戰後對日本憲政作出貢獻的麥克阿瑟，可以塑像其上，但是只能停留在思考的層面。因為那個更為尊榮的位置，屬於尚未出現的偉大人物，也屬於今天與將來所有的傑出政治家。

於丙輯中，大多是論述古今中外經典性文字與作家，通俗耐讀，頗具情理。章詒和翻讀張岱的《陶庵夢憶》，當初覺得如同一味苦藥，後結合處在困苦生存條件與痛苦精神狀態下的張氏生命，及一次欣賞曾查禁幾十年的木連戲內部演出，感受到張氏超然脫俗、輕鬆詼諧的美學趣味，感知了其雅致簡約的文字美麗，感觸於其矛盾不屈、躬身自省的人生魅力，暗自生發「若生在明清，就只嫁張岱」的由衷感喟。賀衛方在構思奇特、色彩斑斕的《格列佛遊記》中，看到了小人國、大人國、飛鳥國與慧駟國的奇麗風俗，並透視近乎完美的虛構情節，發現映藏其中的英國現實社會。因為一個煮熟了的雞蛋該從哪端打破，引發了一場兩國廝殺；因為一個對鞋跟高度的選擇，激化了一次兩黨爭鬥。貌似瑣碎的生活事務，卻一次次成為政治角力的藉口，而真正能實現社會福利政策，超越族群矛盾、血緣連繫、階級區分、宗教信仰等異議，方能實現社會的民主、民眾的自由及捍衛人身權利。斯威夫特勾連起幻想與現實進行審視與反思，使賀衛方在斯氏偉大文學創作中，發現了「把敘事和諷刺結合在一起的能力和智慧」。無論是章氏看白先勇寫傳統題材的戲曲文字、張超英口述從事新聞工作的回憶錄，還是賀氏讀胡頌平有關胡適研究的日記、「文革」中樣板戲的歷程與高中教育的缺失……都能看出知性的章詒和與理性的賀衛方的不同和相同。即便是一個說花草，一個談品牌，也能體現章氏一直側重情感中的平實與冷靜，

賀氏時刻注重說理上的縝密與清醒。他們在細微的洞察中，及時向我們傳遞著同樣的世界真理與歷史真相。

　　平常，我們從舞台上或螢幕中，看到四手聯彈的精彩演繹，總會驚讚表演者二人四手的精巧配合，自然流暢，韻味相生。他們摩挲在不同音區、不同音符，卻能完美地表現共同的主題，讓人在詫異的同時歆慕不已。章詒和與賀衛方，選擇的人生道路、思辨方式不同，對世間事物的觀察和切入，也不盡相同，但當他們相約為某一圖片、某一風景、某一人物與某一書本，進行互不干涉的思考與寫作時，總能使人覺察到相似的藝術氣質和人文氣息。無論是借助他物悄然生成鮮明的個性特徵，還是夾敘夾議完成歷史評判的角色，或者是暫時的激憤、長期的孤獨，他們都始終保持著知識分子與思想者獨立的姿態，在一次清新的嘗試中，結合對既有史料的重新闡釋、客觀社會的平靜考量，為現代文明和自由傾注不為世俗勢力奴役的情理氣力，表達出《四手聯彈》中共同期待的和諧和凝重。

（原載《出版廣角》2010 年第 10 期）

孤獨並非一種殘缺美

　　話及孤獨，人們馬上會想起孤芳自賞、孤苦無依一類的詞，有一種淒然的感覺。但是，在集美學家、小說家、詩人、畫家多重身分於一身的台灣名士蔣勳看來，孤獨是一種有著不少妙處可以分享的美。他創造了孤獨美學，並用一卷《孤獨六講》（廣西師範大學出版社 2009 年 10 月版）來說明「美學的本質或許就是孤獨」的內涵。

　　2002 年，《聯合文學》舉辦一個題為「孤獨」的活動，蔣勳受邀做了六場演講，從情欲、語言、革命、暴力、思維、倫理六個方面闡釋孤獨美學，融入了他的個人記憶和在美學追問、文化反思、社會批判上的見解，如此而為，也就有了我們今時所讀的《孤獨六講》。他渴望孤獨，珍惜孤獨，好像只有孤獨才能使生命變得豐富而華麗。他帶著審美的思維和情感切入孤獨，使我們看到了近乎圓滿的美，不但可以靜心，還能清心，融匯了一種獨特的詩意和化境。

　　《孤獨六講》不是純粹的講義，其中流利的語言、辯證的邏輯和縝密的思維，讓我們在孤獨面前，試圖捐棄害怕與抗拒的態度。蔣勳真誠滿懷地講述自己所理解的孤獨，與寂寞具有完全對立的本質差異：「孤獨是一種福氣，怕孤獨的人就會寂寞。」有了這樣的認識，他對殘酷青春裏野獸般奔突的「情欲孤獨」、眾聲喧嘩卻無人肯聽的「語言孤獨」、始於躊躇滿志終於落寞虛無的「革命孤獨」、潛藏於人性內在本質的「暴力孤獨」、不可思不可議的「思維孤獨」及以愛的名義捆綁與被捆綁的「倫理孤獨」，都一一作了深入淺出、

由近及遠且鞭辟入裏的剖析。他提倡人們去完成和尊重孤獨，而非從狹義的層面去消除與逃避孤獨。

如果揣一懷褊狹心情去認識孤獨的存在，只會讓你情不自禁地走進殘缺的窄巷。蔣勳博采眾多史料，理性地解讀孤獨。在解析情欲孤獨時，他從學理出發，講述了文化對情欲的壓抑、竹林七賢的孤獨、生命本質的孤獨、孤獨與倫理規範，以及從加繆的《局外人》等小說中談孤獨。他讀魯迅的小說，發現其中多處是講述孤獨的素材，如寫實禮教吃人的《狂人日記》、蒙昧的人要吃蘸著秋瑾鮮血的饅頭做「藥」治肺癆，狂人用孤獨的巨力衝擊宗法封建制的愚暗，而孤獨的秋瑾卻沒有用血驚醒麻木的國民，而這些卻被魯迅寫進了文字，讓我們看清了五四新文化運動前無奈的社會現實。

談到革命孤獨時，他從 1990 年台北的「野百合學運」和 1968 年法國學生的「五月革命」向前寫去，寫高中英文教師、著名作家陳映真使他心靈受到震撼，寫連郵差都能影響的追求民主與自由的聶魯達詩歌，寫托爾斯泰和克魯泡特金……這些都是孤獨的身影，卻同時創造美而主動放棄了一切貌似甜蜜的、溫馨的、幸福的生活。托翁與克氏在沉淪糜爛的貴族生活中產生了強烈的孤獨情緒，他們不滿於所生存的空間，甚至選擇了出走。這樣的孤獨抉取，托翁成就了文學史皇冠上三顆最亮的明珠──《復活》、《安娜‧卡列尼娜》和《戰爭與和平》，甚至大膽地稱呼沙皇為「親愛的兄弟」；而克氏宣傳革命而受祖國驅逐流浪瑞士，在無政府主義思潮中成為了一面鮮亮的旗幟，他的名字、他的作品更是成全了中國文學大師巴金的一半筆名和部分成就。

孤獨是一種生活方式，與自我心態、人生選擇、生活趨向、文化思考甚至在色彩視覺，都有著莫大的連繫。人們在尋求心情上的

愉悅，人們對快樂的期待，也同樣反映了思維上的孤獨與彌補。「孤獨是一種沉澱，而孤獨沉澱後的思維是清明」，蔣勳從暴力、刺青、穿環等事態中弄明白了思維孤獨的來源，並從基於懷疑的哲學視角上認可思維孤獨為六種孤獨中的最大者。他重溫莊子與惠施關於「子非魚，安知魚之樂」的哲學對話，審視「文革」時期的中國社會，更是考察無法形成思維的現代台灣。所有的思辨，他除了要說孤獨是思維的開始外，還鮮明提出孤獨圓滿了方可促成思維的慢慢發展。

蔣勳的解讀，多有情趣，頗為耐讀，為我們清晰地勾勒出不同類型但極具代表性的孤獨情境，且紹介了許多我輩鮮知的識見與史例。他從語言學層面講述語言孤獨的產生與生發，並以自己創作的《舌頭考》為素材，闡釋了孤獨與語言之間的關係，涉及動物學、人類學、社會學及生理學等領域。他質疑馬戲團裏帶有許多暴力因數的表演，究竟能滿足觀眾哪些欲望，並連絡人們多方談論性而避開暴力少談的事例，認為暴力不會因為被掩蓋而消失。他談及古代埃及法老娶妹妹或女兒為妻進行「血緣內婚」屬正常，如娶血緣以外、其他家族者卻為亂倫，這些有違生理科學規律，也難怪法老時代逐日老化墮落，讓我想起了有清一代的皇家婚姻，為了保持所謂滿洲純正血統除多和蒙族和親外，而少與其他民族通婚，結果到了晚期三代都是短命王朝未有繼嗣。並不美好的倫理缺陷與在倫理中孤獨的人，引起了作者一系列的反思，他想起了帕索里尼與阿爾莫多瓦的倫理電影，惶恐於臨近「父為子隱，子為父隱」的儒家文化危境，但他「期盼每一個人都能在破碎重整的過程中找回自己的倫理孤獨」。

仔細品讀蔣勳的《孤獨六講》，在賞析其灑脫曉暢的文字、豐富多彩的典故與鮮實可感的自我影像的同時，更是因文中孤獨美學

思想所感染。可以說此種涵蘊，雖以孤獨命題輕鬆生發，但能讓人感受到現實浮躁世界中難得的寧靜，體悟到喧囂世界裏獨有的固守，其中有對和諧社會的一份寧靜安詳的企盼和一種凝重而出的慈悲情懷，也包含著知識分子修身自潔、明德自立的人文情愫。

蔣勳祖籍福建長樂，1947 年生於古都西安，成長於寶島台灣，早年畢業於文化大學史學系、藝術研究所，後負笈巴黎大學藝術研究所求學。1976 年返台後，曾任《雄獅》美術月刊主編，並先後執教於文化大學、輔仁大學並擔綱東海大學美術系主任，現為《聯合文學》社長。其著述頗豐，主要有《美的沉思》、《給年輕藝術家的信》、《徐悲鴻》、《破解的米開朗基羅》、《寫給大家的中國美術史》等。與本書同系列而出的，還有《天地有大美》、《漢字書法之美》和《舞動白蛇傳》。飽滿真情的文字，讓人不難感受到蔣勳甘於寂寞、不隨波逐流的一種自我精神的真實寫照。

郭店竹簡《性自命出》中有一句「道始於情，情生於性」。有了人的情感，以真摯善良的品性為基礎，一切形式上的文明禮貌、行為規範就不可能存在虛偽和做作的成分。不論是學術研究，還是藝術創作，如能帶著強烈情感並理性地立意與駕馭文字，自然能寫出好文章。從《孤獨六講》中看，蔣勳完全懷著純潔的赤情、執著的精神去追求學問、追求藝術、追求有意義的人生，走出了一條自己的路。他有意避開枯燥無趣的哲學說理，而是追求深沉、悠遠的通俗解說，顯現出一種並不殘缺的高貴和華美，或許能為這個浮躁、喧囂的現實社會帶來一份冷靜理性的思索。

（原載《山西圖書發行》2010 年 1 月 18 日）

清心原有術

　　香港大學副校長、中國工程院院士李焯芬，雖是一名資深工程師，但熱心傳播公共文化與弘揚傳統文化，寫起心靈文章、感悟隨筆，能讓許多執筆從文歌吟閒情逸致的作家詩人，甚為驚歎、歆慕。

　　我曾向朋友推薦李氏《活在當下》（中華書局 2009 年 5 月版），她欣欣然讀完第一篇《媽媽回家了》，便忘記了顧忌冬日清寒，熱情訴說真摯的文字徹底地感染了她。她要一口氣讀完，平靜地閱讀李氏寫在親子、父母、師生、夫妻諸多篇什中的七十餘則文章，清健性靈，溫馨美好，如同一絲溫暖的光亮，激起她催促我看李氏另一部智慧小語集《輕安自在》（中華書局 2010 年 1 月版）。

　　《輕安自在》分為智慧、自在與慈悲三篇，八十五則生活故事和心靈隨筆，記錄了李焯芬參透禪理、感受生活的真切觀察及細微體驗。不論是講說故事，還是詮釋精思細語，李氏都富有濃郁的人文精神，為我們盡情地傳遞其對社會人心的終極關懷。對於置身目迷五色、耳染七音的人們而言，總有一股暖徹心扉、砥礪精神的力量。

　　一篇篇清新動人的生活故事，即為真實人生的縮影，將當下人性日益脆弱、道德漸趨淪喪的現實社會，來了一次通亮的透視。書中講述的，都是平常小故事，有過去很久的，有發生在身邊的，有西方他國的，有中國本土的，一一通讀下來，讓我看到了許許多多

的熟悉與慚愧。熟悉的，使我似曾感覺過這些事例的存在，但李焯芬所能體悟到的，確是我信服而沒有發現的真諦。

著作開篇即講述和諧的存在。綜觀我們的生活、工作，嘴裏說的、筆下寫的及口中唱的，多是標榜和諧的字眼，但有許多人一門心思尋找著與財富、平安、成功的單一邂逅，卻無幾人發現和諧便是財富們的集成。李焯芬觀照史上歷代戰亂、「文革」十年浩劫，以及三十年來的中國和平環境與改革開放成效，多方切入，理解了國家宗教事務局葉小文局長對星雲大師做「和諧老人」的期待，也為我們簡約地詮釋了和諧的內涵和分享。

常人遇事，總以為理直氣壯，可以用道理和聲音製造出氣勢，咄咄逼人，懾服對方，然李焯芬通過一服務員和氣對待無識而鬧事的消費者的瑣事，不僅介紹了往紅茶中同時加檸檬與牛奶會導致結塊的生活常識，還為我們說明了理直氣和的好處，如平靜地解決問題，或真誠地交結朋友。

我們身邊有不少人津津樂道男左女右看手相算命途之說。李焯芬告訴我們，九華山一位老法師巧借此事，為某一從業多行難善始終的失意者指點迷津，這是事業線，那為工作線，此乃智慧線，彼即感情線，仔細想來，諸多人生命運，無一不在手中。命運貌似天定，而真實主宰者，確在於自身奮鬥與否。佛家有云，人生輪迴，因果報應。通曉佛法的李氏解讀命運在手中一說，看清萬匯百物背後的成因，期冀世人廣結善緣、多種善因、自得善果，把命運掌握在自己手中，努力改變似乎天定的因緣。讀完此篇，我深有體會，也真誠奉勸那些愛往算命和尚、先知尼姑的碗缽裏慷慨放錢的人，盡可能地相信自我努力，也要相信傳播大乘佛說的中國內地僧眾是不得從事打卦算命的。

　　同樣是佛門中，一得道禪師所理解的生命中最重要的一天是今天，而非生日死日、上山禮佛、得道開悟……他告誡人們要多珍惜眼前的當下，而不需在乎已經過去的過去，也不必杞憂尚是未知數的明天。珍惜當下，活好當下，可以製造涵容財富、快樂、智慧等在內的一切和諧因素。

　　在日常生活中，大多人只知惜緣是福，而不知吃虧也是福。某一出版社新手，被單位壓以重擔做叢書編輯，後又幫忙包書、送書，甚至調至業務部參與直銷工作，或派去取稿、跑印刷、郵寄，諸如此類，不計繁瑣，然其總以「吃虧總是佔便宜」謝絕他人善意勸告。終有一天，小夥子悟通了編輯、出版、印務與發行全過程，另起爐灶，效益看漲。李焯芬借助此例，告訴人們多服務他人、方便他們，亦是一種廣積善緣、大開門路的方式。於當前社會從業，難免一時吃虧，有較多單位面對可用人才創設製造各樣藉口、不同條框，來賺取廉價人力資源，但很少想到可用之才也是可造之才。然使他們沉下去做事，卻為其日後浮上撐起另一片天空，做了意想不到的準備。大凡今日馳騁商海厦創佳績的鉅子，如李嘉誠、郭台銘、比爾・蓋茲們，無一不在過去曾是吃虧者。我借助李氏妙語，支持正在苦心做事的奮鬥者們多積累正義的資本，以便成就自己，嘉惠社會；同時勸告富二代們，多有時間去一線吃些苦頭，不要因為受前輩蔭庇而整天開著寶馬，做些野馬狂奔的蠢事。

　　翻讀李焯芬《輕安自在》，隨其去感知養心如養花的靜然、人貴乎誠的欣然、路曲心直的豁然、享受生命的朗然和與人方便、給人鼓勵的怡然自樂，自會觸及他感覺生活的智慧之心。他熱愛生命，感恩生活，時刻所想便是珍惜眼前、活好當下，分享到輕鬆、安樂

與自在的開心愜意。讓人細讀之餘,清晰感受到其啟迪我輩開闊眼界、維新觀念,順其自然地感受社會的真誠與真實。

前人學說,無論佛家典籍、基督聖經、伊斯蘭教義,還是先秦諸子百家著作,除以講故事、勸善詩等來規勸人心向上外,多是將典故佳話融會於文論之中振奮正氣風尚。李焯芬積極採取人們喜聞樂見的寫作形式,寫作小故事大智慧的心靈小品,長時間為《明報》(明覺版)、《溫暖人心》雙週刊等媒介撰寫專欄,大面積地啟發心智,導引善心,使人在知曉執著與割捨之餘,明白選擇與堅持的涵蘊。

其《活在當下》多為千字文,執意詮解專心做好眼前事、用心珍惜眼前人的生存道理,有益於我們在繁忙奔波時,暫時將外界的嘈雜紛擾放置一旁。即便面對天災人禍、挫折困難,亦能保持一份良好的心態,使心靈獲得安頓、滋養和成長。珍惜現在,不是說遺忘過去,也不是說沒有理想和希望,而是強調活好每一天、每一分鐘,做好切切實實的工作,以開放、輕鬆、豁達的姿態迎接未來的清新。

《輕安自在》同樣篇幅均不長,其中故事講述,無論是援引佛理,還是取自生活,都被李焯芬解說得深入淺出、耐人回味,而精思細語更是由遠及近,精練明瞭,自然曉暢,毫無佛家說教、學者勸誡的成分,使我們在樂讀不疲、油然反思的同時,不由感喟、欽敬李氏的人文情懷與社會擔當。書中精選豐子愷護生畫作插圖,情趣盎然,與流利文字相得益彰。我想,其先前所出的《活在當下》也有此樣內容,出彩添色,不然不會讓我朋友放棄看電影新映來靜心悅讀,甚至情到深處悄然拭淚,也許之後的《走出困境》等文字,也會有此清心的效能和感動。

(原載《書香兩岸》2010 年第 4 期)

我們距離大師有多遠

　　凡有智識心理的人，不論男女老幼，都隱約有著成為大師級別人物、或成就大師一般事業的念想。自大學者季羨林魂歸道山，名家頻頻發話，媒體烈烈傳揚，即時便為大師時代的終結，以後的日子不再有大師的聲影。如此言之鑿鑿，是為半腹牢騷滿腔空想，還是屬無病呻吟妄自菲薄？我暫不虛加評議，以免留存聽者藐藐的笑柄，且請慢慢閱讀張世林《大師的側影》（中華書局 2009 年 10 月版），認真體會大師們人格魅力與道德學問的崇高，感知前賢們樸素做人和兢奮做事的高尚，更能發現我們與大師之間已有多遠的距離。

　　張世林自 1984 年調入中華書局伊始，即與鍾敬文、啟功、錢鍾書、程千帆等老一輩學人交往，尤其是其後來參與創辦《書品》、《傳統文化與現代化》並任責任編輯、又調入國務院古籍整理出版規劃小組辦公室（後改為國家古籍整理出版規劃小組辦公室）等單位，有了充裕的時間與中國傳統文化諸多名宿頻繁往來，先後主編了《學林春秋》（六卷）、《學林往事》（三卷）、《家學與師承》（三卷）、《名家心語叢書》（二十部）等。他帶著崇敬與虔誠和名家耆宿交流，時間久了，也深有情緣和感觸。

　　隨著那些可愛處世、可敬為文的文化老人大多辭世，也慢慢帶走了他們所代表的學術時代，張世林形諸情感筆墨，平靜地描畫他們樸素而卓越的風采。在《大師的側影》中，張世林紀實與繆鉞、楊向奎、周振甫、何茲全、侯仁之、胡厚宣、史念海、啟功、周一

良、胡道靜、羅繼祖、王永興、周祖謨、饒宗頤、劉葉秋等三十二位學界前輩之間的點點滴滴，不論是長期交往、經常拜訪，還是一段往來、書函聯繫，他都用心去感受，用質樸的文字寫大師們的學問人生和德馨生命。

《大師的側影》所關注的老人們，是 20 世紀中後期有著深遠影響的人文社科方面的學者，他們在歷史、文學、文字、哲學、文獻、民俗、考古等方面，或受家學的浸染，或得名師的提點，窮盡一生勤奮治學，頻發碩果，也多有心得和體驗。縱然大師們垂垂老矣，慢慢離去，但張氏依然默念他們的風節和操守，黯然感喟「只是餘生也晚，我同他們認識時，大都已是七八十歲高齡的老先生了。自然規律最是無情，接下來的就是『哲人其萎』的事實，很多大師先後駕鶴西去，使我們不得不面對一個缺少真正的大師的時代」。他想起許多往事，歷歷在目，忘不了為在鍾敬文生命最後時刻趕製出版《婪尾集》後對百歲老人的欣慰，忘不了陪同顧廷龍去中國歷史博物館查閱吳大澂信箚時的情景，忘不了周有光談起國內外大事時了然於胸且頗有見地，忘不了生病住院的鄧廣銘惦記著回家給《家學與師承》寫約稿《我和宋史》，忘不了吳宗濟傾情而談的「幹校」經歷、張岱年那間小小的書房兼會客室、楊向奎說起那些趣聞逸事、錢鍾書輕聲傾訴其第四次讀《大藏經》、馬學良深情回憶恩師李方桂和丁聲樹、程千帆談到南京大學老校長匡亞明不禁動容、老而彌堅的楊志玖對馬可・波羅的一往情深，更忘不了表揚和批評他的趙儷生、侃侃而談啟人心智的李慎之、鼓舞幹勁的開明領導趙守儼……一切的一切，使張世林除了感動，就是感激。

大師們數十年如一日地堅持在真與美之間做學問，樂而不疲地闡釋文化、思想和審美價值，不論是面對何等艱難，還是榮膺怎樣

褒揚，他們都選擇學術第一、道德至上的人生事業，為中國文化史、思想史寫下了一筆筆不可淡忘無法抹去的重彩。同為山東人、都在北大待過、年齡相近的任繼愈與季羨林，2009 年 7 月 11 日仙逝，前後相隔四時，被人們譽為是中國人文學術界的一場地震，二老在學問上學貫中西而享譽宇內，於人品上德高望重讓人高山仰止，也給張世林留有許多如何治學、如何做人的印象。寫到學識淵博是非分明的季羨林，張氏憶起季老對他辦刊的善言鼓勵、寫稿支持，二十多年過去，他與季老多次交往，常有新鮮話題，如關於出版文化叢書，討論藝術與政治的關係，談說蔡元培的「相容並包」、陳寅恪的「獨立之精神，自由之思想」、朱光潛的美學課、于道泉的天才思想，話及「大事糊塗，小事聰明」、「天人合一」，等等，無一不映射出這位東方學大師的愛憎、睿智、思想和氣度。而其眼中的任繼愈，除了學養深厚、待人平易外，更多的是感恩於其為作者寫約稿、代組稿的樂善之舉，尤其是作者聆聽任氏夫婦聊天，以為是一種美的享受。與季、任二老交往，張世林發現他們共同推重歷史研究大家張政烺，而與張老往來，作者發現不僅老人治學嚴謹、學識淵博、誨人不倦、文章出彩，且在學問上從不隱瞞自己的觀點，還對漸熱的古籍今注今譯有過中肯批評。

新近辭世的王世襄，窮其一生玩得專心致志、玩得癡迷不悟、玩得忘乎所以，卻得到了中央文史研究館館員、著名文物專家、學者、文物鑑賞家、收藏家、國家文物局中國文化遺產研究院研究員一類定語來蓋棺定論，而其在放鴿、鬥蟲、馴鷹、養狗、捧跤、火繪、烹飪、美食、書法、詩詞、明式傢俱、中國古典音樂史等方面頗費心力，自顯功力，不時玩得研究成果頻頻問世，無愧於多方面專家稱號，畫家黃苗子曾評價王氏是「玩物成家」，啟功生前評價

他為「研物立志」。張世林與王世襄就一餐飯，卻發現了王氏會玩、會吃，也玩出了吃出了豐富多彩的文化來。王世襄善於將古今典籍、前輩耆獻、民間藝師取得的和自己幾十年辛苦實踐相印證，寫出了精彩耐讀的文字，輯集推出。

這些人之所以被人們譽為大師，靠的是其長時間沉潛專研，甘於與清貧為伍，樂於和寂寞作伴，以自己的學問和道德，賡續著梁啟超、章太炎、魯迅、錢穆等的大師事業。張世林欣喜於和他們交往，追慕大師修德治學的風采，雖只是擷取片斷著力勾勒，但也能以樸實雅潔的語言、真實可感的場景，以及前輩們寫給作者的信函、或與作者日常交往的圖影，讓我輩不難發現大師們值得欽敬和景仰的風範。

老者將去，逝者漸遠，今天和將來，是否還有大師出現，自在不言中。我敢肯定地說，大師還會有，而且不為零星，只是要看我們生存環境、時代體制可否孕育出更多的大師名家。晚清肇始的 20 世紀，危難多年，尚能代有大師出，更何況是經濟高速發展、文化掙扎覺醒的新時期，豈可為幾句非大師妄下讖語所言中。當然，大師的出現，自在民心，而不是某一機構謀得幾分錢財，便給某某套一頂所謂大師的花冠。張世林結集《大師的側影》，雖篇幅長短不一，可以說是為了喚醒我們對一個大師時代的集體記憶，不能不說是我們所處時代亟待產生大師的一種殷殷期待。他對大師是極為敬重的，在當下名家字畫價值不菲的情勢下，與書法大家啟功素有交往，卻沒趁機求得數平尺的大小字幅，原因不過是怕給老人添麻煩，也許他很傻，卻傻在了對文化有更多尊敬。

（原載《圖書館報》2010 年 5 月 7 日）

麥卡錫主義把錢學森送給了中國

　　20 世紀中葉美國最為恐怖的，應該不是黑手黨的猖獗與肆虐，而是來自政府高層的兩股力量，一是胡佛統治的中央情報局，一是麥卡錫宣導的反共產主義。二者同流合污，把戰後的美國弄得人心惶惶、烏煙瘴氣。他們打著衛護國家利益的大纛，四處威逼，八面定罪，就連數屆總統羅斯福、杜魯門、甘迺迪和尼克森，都無可奈何。

　　來自中國的錢學森，用天才般的能耐和想像力，為美國高速空氣動力學和噴氣推進科學的發展，作出了不可置疑的偉大貢獻。然而，不論他是否曾打算申請為美國公民，是否娶了蔣介石軍事顧問的女兒做老婆，是否得到過美利堅政府的嘉獎，是否具備高純度的「忠誠和正直」，都未能避免當局的猜忌、懷疑、監控和最後的驅逐出境。他和共產黨基層幹部馬利納、威因鮑姆是學術好友，參加過涉共組織 122 教授小組的休閒聚會，被人指控為 30 年代的外籍共產黨員……這樣的證據，使他的保密許可證被移民局吊銷了，令他必須遠離最高科技機密中心。他不能再擔任羅伯特・高達德講座教授，就連行李、郵件、外出、家庭生活，也受到特工們嚴密的監控，甚至遭到被像犯人一樣的拘押和審判。

　　張純如結合相關史料、回憶錄和科學文獻，採訪知情人和錢學森親近的人，如他在美國的同學、同事、老師和學生，在中國的親戚、朋友、同行和兒子，寫出了很有故事、頗具情趣、值得閱讀的《蠶絲：錢學森傳》（魯伊譯，中信出版社 2011 年 4 月版），寫實

錢在美國的刻苦學習、認真思考、嚴謹鑽研，成為科技大師的人生軌跡，也對他立於美國航空事業巔峰時備受中傷、侮辱、誹謗、驅逐，及艱難痛苦的抗爭，做了細緻的反映。

作為一位傑出的科學家，錢學森的心裏時刻裝著祖國，但他一生都在為世界和平、正義人民而奮鬥。在中國遭受日寇踐踏時，他想過回國投身到抗戰激流……他在雞蛋上寫上中國和美國，反復轉動，決定去留。他沒日沒夜地待在辦公室，冀以更大的力量幫助正義之師去制止邪惡。戰後，他意識到中美之間有一場大規模的衝突發生，內心更是牽掛著國人，傾向了無奈的中國。

為了航空事業，他希望能留在美國，那裏有他的未來。但時局不容許他成為政治絕緣人，哪怕他再純粹，也被移民局的特工盯上。從他們一家離開時的裝扮來看，他已融入美國生活。而殘酷的現實，使他的清譽被謠言玷污了，讓他經受了一種不能原諒的侮辱，只能帶著遺憾離開，離開他熟悉的環境、戰友和事業。學生們不再感知他的見識氣度與完美高深，難以感受他的精神能量和智慧火光。

也許就錢學森當時的成就和天賦而言，無法和同屬美國外來人愛因斯坦、馮·卡門一樣，躋身世界一流的科學巨匠行列。但，他的努力和堅忍，智慧和探索，為地球人的火箭技術與航太事業，攻克了無數難關。後來，艱難的中國在短期內，製造出原子彈、氫彈、導彈、火箭和人造衛星，無不受之於他的開拓精神。

他從麻省理工學院到加州理工學院，快速地進入研究境地，讓馮·卡門願意傾情引導。這個從匈牙利來的猶太人，航空學領域的學術巨擘，雖然是個麻煩不斷、難以約束且喜歡跟年輕女性大肆調情的老頑童，但對錢學森特別看重：帶他去歐洲考察航空技術，帶他進入空軍科學顧問小組，支援他成為航空學最高級別的教授。這

樣的扶掖，可以說是錢學森用堅守的科學精神，使恩師見證了一個
中國人的毅力和決心。而在錢學森遭受政治迫害的那五年裏，卡門
沒有挺身而出，直接干預。有人認為這是卡門明哲保身，卻忘記了
他的關注、痛心和無可奈何，忘記了他的說情只會火上澆油，忘記
了錢與卡門暫時不相往來的理解和默契。他們都意識到了瘋狂的胡
佛、麥卡錫們，根本不理會你是什麼權威，有怎樣的價值，他們就
連偉大的愛因斯坦，也敢接二連三地進行攻擊，整他的黑資料有一千
八百多頁。

　　錢學森喜歡聽古典音樂，思考科學與藝術的關係，能演奏多門
樂器，經常去聽波士頓交響樂團的音樂會。而癡迷音樂的他對於科
學事業，向來都是一絲不苟，認真求全，讓理工學院的學生望而生
畏。在日常情感生活中，他常是單刀直入，毫無顧慮。他中途回國
時，邂逅青梅竹馬的乾妹妹蔣英，直接向她求婚。第一次是一句「怎
麼樣？你跟不跟我走」，遭到拒絕後，過了幾天，又是一句：「怎麼
樣？你重新考慮過了嗎？我們結婚吧。去不去？」率真乾脆，在浪
漫的美國生活了多年的錢學森，在戀愛上嚴重缺乏羅曼蒂克。幸好，
他的真誠和決心，打動了蔣英，使她放棄了義大利一家大型歌劇院
的演出邀請，讓她一直堅定地站在錢學森的身邊，理解他，鼓勵他。
哪怕是在那些恐怖時日，她不論丈夫受到怎樣的污蔑、逮捕和審判，
家庭遭際如何的監視、驚擾和盤問，都義無反顧地支持愛人。

　　錢學森的回國申請，震驚了美國高層和身邊的人，特工們私自
拆開他的信件，長期監控錢家寓所。海軍次長丹・金博爾無限制地
推遲聽證會，還放話「寧願把錢學森槍斃了，也不願讓他離開美國」，
因為「不管在哪裏，他都值五個師」。同事、朋友和學生，紛紛遠
離他，生怕有所牽連。

後來有人證明錢涉共只是一種猜想和玩笑，並無真憑實據。而他不願低調地苟活在麥卡錫主義的高壓環境中，等待真相大白。他堅定地爭取回歸中國，那裏有他年邁體衰的父親，有他默念於心的祖國和人民。他巧妙地躲過特工的跟蹤，來到一家咖啡店，從一張香煙盒上撕下的硬紙板上寫出回國的期望，寄給身在比利時的蔣英姐姐，再通過陳叔通轉達，最後來到周恩來的手中，使他成為了著名的「王炳南－詹森會談」上，第一個也許是唯一的一個有名有姓的具體對象。

錢學森的倔強、不屈和對麥卡錫主義的反抗，使他成為了特殊政治歧視的一個犧牲品，成為了中國用 11 個美國飛行員戰俘換回來的首席科學家，成為了新中國留學歸國人員中最具代表性的國家建設者、人民科學家。美國國防部、移民局、調查局和麥卡錫主義的信徒們，僅僅考慮他是否加入了美國共產黨，卻以階級鬥爭、陣營敵對的藉口，迫使這位一心放在航空技術上的科學天才，在航空學領域與馮・卡門並駕齊驅的傑出代表，最後帶著學到的航太尖端技術、啟發的太空科技智慧，成為中國人的「航太之父」、「導彈之父」、「火箭之父」和「自動化控制之父」，回饋給美國政府一個帶有不少諷刺意味的世紀悲劇。

歸來後的錢學森，對美國科技事業還是密切關注，但他始終不願再踏進美國半步。母校故友邀請他重訪舊地，頒發榮譽獎章，他嚴詞拒絕了。他無法忘記那時艱難歲月的很多情景：近 20 年的青春和心血奉獻給了美國航空事業，和同行們忙碌著探索如何使火箭騰空而起，有五年被當局當成罪犯一樣折辱和損害……時過境遷，麥卡錫主義和冷戰時代早已過去，但美國政府對他的驅逐令一直沒有解除，同時，還欠他一個合理的解釋和真誠的致歉。

張純如是一位優秀的美籍華人作家、歷史學家和自由撰稿人，受曾是抗日將領的祖父張鐵原影響，對中國極具情感。讓人不無遺憾和感傷的是，她以手槍自殺，英年早逝。但，她留下的《蠶絲：錢學森傳》、《南京浩劫：被遺忘的大屠殺》、《美國華裔史錄》，以及想拍攝一部世界級的日本侵華影片的心願，將永遠溫暖中國人的心靈。她積極向西方世界介紹南京大屠殺的真相，抨擊日本政府從未為罪行作過認真道歉的事實，譴責日本教科書中從來都是掩蓋、歪曲和淡化罪行的隱惡。她敢於在電視訪談節目中，同日本駐美大使正面交鋒，或在國際學術研討會上，將右翼學者反駁得悻悻而去。她歷時三年考證與寫作，1995 年在美國出版《蠶絲：錢學森傳》，抽絲剝繭地講述了錢學森的故事，重點展現了他在美國的科學追求和對反共勢力的抗爭，無情地嘲諷麥卡錫主義潛在為中國送回科技領頭人的愚昧、荒唐、狹隘和短視，也揭示了錢個性內向、沉默寡言的真實性格。

蠶，原產於中國，為了生存而不倦地吐絲，小小的軀殼，吐出數百米長的絲，至死方休。錢學森的科學生命，無疑與蠶有幾分相似，執著和堅持，堅韌和污穢。他對於中國的導彈科學和軍事科學，都是一座豐碑，是麥卡錫主義送給彼岸的最好禮物。我們讀張純如筆下的錢學森，不僅要知曉他刻苦求索的科學人生，也該理解他服務美國科技的矛盾心理，更須感受到他堅強面對反共勢力的欺壓和折磨的中國人血性。我想，這該是張純如客觀從實地表現錢學森的初衷和期望。

（原載《新民週刊》2011 年 8 月 15 日；

《新華每日電訊》2011 年 9 月 2 日轉載，

改題為「錢學森這樣脫險回國」）

李澤厚的堅持與選擇

　　幾年前，一位朋友出版《長沙百詠》，曾得一序出自旅居美國科羅拉多州波德市郊李澤厚之手。朋友冒昧於一日清晨求序，而李氏「竟也未能按往常慣例，一口回絕」，他被「充滿鄉音的電話」陶醉了，也一口氣寫出了流溢許多文氣與不少美韻的文章。雖只聊聊數百字，卻讓我在他「頓時極感親切」的思緒中，發現了一種獨特的飽涵思想張力的文字美，也使我慢慢尋找署名李澤厚的不同版本的著作和不同報刊的文章。

　　時間過去了不少，我也找到了很多關於李澤厚的文字，有他寫的，有寫他的，我習慣了獨自一人靜坐讀著他關於美學、哲學、史學和思想史論的思考。李澤厚的著述讀多了，我也慢慢體會到了他對中國的孔、孟、莊、禪、朱熹與王陽明一類的精到領悟，也逐漸發現他就西方大哲柏拉圖、康得、馬克思、黑格爾及海德格爾等人的深層解讀。他讀異代異地思想者們的心路歷程，卻不因先賢們的權威影響而盲目隨從缺陷，更不會因為諸家遭受過不同流派的爭議而短視優長，他選擇特立獨行的思想方式，堅持走自己談美論史的路，寫出的文字自然流利、思想深邃而見識獨到。僅僅一卷《美的歷程》，在其手上，寫得輕鬆自如、深遠淵博；而在我輩讀來，由遠及近，深入淺出，無處不是美的氣息和文的精彩。能有此文流播於人文社會科學領域，不啻於生發一股陽春清風勁吹在三伏夏日或寒冰季節，難怪文學研究大家劉再復長達四十多年地追蹤和研究李

澤厚的美學之路，更是稱其為「中國大陸人文科學領域中的第一小提琴手」遭受多家攻擊之後，過去十餘年，推出《李澤厚美學概論》（生活・讀書・新知三聯書店 2009 年 12 月版），論述李澤厚美學富有原創性與體系性的品格，再次無畏的讚其是「中國現代美學的第一小提琴手」。

中國現代美學誕生於清末維新和民初革命嬗變之際，受西方和日本思想的影響，推動了新文化運動的興起及發展。王國維由日文翻譯並裁定美學一詞，並以《奏定經學科大學文學科大學章程書後》一文在理論上使美學成為中國新型的教育體制中諸多人文學科中的必修課程，且形諸一系列論著研討美學的概念與獨特的學術品格。隨後，梁啟超以功利美學為尋求，要求美學為政治服務，服務於中國現代性的國民性轉換，讓中國人民由臣民變成新民；蔡元培把美育作為現代性人格培養的一個重要方面，以美育代宗教，讓育人之美成為中國現代性的人生境界；朱光潛從現象學的視閾中，摘取西方心理學、美學諸流派的思想，融距離說、直覺說、內摹仿說，移情說為一完整體系，向人們指明了在現實中如何才能獲得美；宗白華把中國古代藝術（詩、書、畫、樂）與哲學思想融為一體，追求文化統一性來突顯傳統文化的特質，進而從文化的角度進行中國藝術與西方藝術的差異，並在更高境界上達到一致。而在劉再復看來，李澤厚獨立治學，不拾人牙慧，勇敢創新，放棄孤本秘笈的小證方法，擇取點石成金的大證方法，將美學與哲學、思想史、歷史學、文學以及倫理學、政治學、文化學、教育學等融會貫通，宣導並開拓「美育代宗教」這一命題，形成了擁有哲學－歷史縱深度的追索根源的「男人美學」，而非尼采所嘲諷的局限在藝術鑒賞的「女人美學」，必然在中國現代美學舞上具有獨樹一幟也引領時代的丰采。

在《李澤厚美學概論》主篇中，我們可以循著劉再復的思辨文字，去觀感李澤厚特有的思、詩、史三位一體的學術風範，為其學識、思想與文采交融流走帶領，走近其勇毅選擇、果敢堅持的美學歷程。劉再復解讀李氏詩意化的美學文字與思想，無論從原創性、體系圖式、系統表述、歷史本體論、心理數學方程式猜想、大觀與通觀、現代闡釋、情感真理、普世意義等多角度上紹介李氏美學，還是以獨特的現代美學命題、對康得的重新闡釋、主題實踐美學和劉小楓對其中國美學觀的挑戰來觀照李澤厚在中國現代美學歷程上所存有的價值與意義，都是以審慎且清醒的思維方式，理解李澤厚美學研究的是非憂樂。李澤厚通過康得研究建立「主體性實踐哲學」，強調使用、製造工具的物質實踐作為社會存在的本體地位，使其社會、實踐等範疇顯示出區別於同時代其他哲學教科書的特殊活力，及對於馬克思主義哲學歷史唯物論核心地位的正面肯定，在上世紀 80 年代初具有雙重積極意義。劉再復從歷史本體論角度出發，認為馬克思與康得哲學具有互補特性，「李澤厚的批判改造工程相當複雜，這裏包含著康得美學體系的吸收和揚棄，包含著整個美學基石從先驗到實踐的轉化，還包含著對馬克思唯物史觀的取捨與變革」。

而於本書副篇，劉再復將自己多年與李澤厚就美學、哲學、歷史、藝術等學科十四篇專題對話交談，羅列其中。他們所談，關涉人是歷史的存在、審美判斷與文學鑒賞、老莊哲學與海德格爾、理念與情愛的衝突等諸多方面。他們傾心而談，談彼此的著作文章，談自己的思考探索，談文化發展與思想嬗變。當劉再復問及關於中國現代諸作家的評論時，李澤厚旗幟鮮明地表明難以接受所謂痞子文學一類玩世不恭的作品，但他對於王朔們的創作予以尊重。他推

重魯迅與冰心，不喜歡周作人式的太消極與郭沫若式的太積極，對於這些，他不是粗略論及某人某作品而戛然而止，確是深入作品之中論述短長。他的論斷是有個性的，完全以自己的方式談說真實感知，即便是其尊敬的魯迅，也鮮明提出「並不喜歡魯迅那些太激烈的東西，那些東西相當尖刻，例如罵梅蘭芳為梅毒，男人愛看是因為扮女人，女人愛看是因為男人扮，的確尖刻，但失公允」。李澤厚對文化現象、社會鼎革、思想發展、歷史進化，想著是否具備久遠意義，而不借助耀眼刺激的字眼來麻醉某些人偏好窺秘探私的心理。

對於李澤厚的學術選擇，學界自有褒揚推崇者，亦有挑戰爭議者，但如何鑒別仁智，當求其在現實學術和思想裏應用與存在的價值。劉再復熟稔李氏著述和思想，為我們分析了李澤厚美學的雙向架構，並解釋了李氏如何對外打通馬克思與康得學說而創造人類學主體實踐美學，怎樣於內打通儒、道、屈、禪而著述中國美學研究的雙璧《美的歷程》與《華夏美學》，其中奧秘，當需我們去細讀與品味。

《李澤厚美學概論》中的論說，劉再復文筆曉暢，論證縝密，立論高遠，他不去理會自己高揚李澤厚美學會招致李氏批判過的、批判過李氏的學者們的非議，冷靜地援引李氏原文逐一解析，引導更多的讀者學者認識李澤厚哲學系統的整體與真實，但非附庸李氏學說。他期待李澤厚對康得、馬克思們的著作進行穿透性的閱讀，從而展開審美研究，而不誤陷於概念的網路之中，而這些在李澤厚的思索方式中，也得到了真切的回答。李澤厚長時間地用百分之九十的時間閱讀，用百分之十的時間寫作，如此做學問的態度，足以讓那些少為讀書多事應酬的所謂文字客們、學生助手秘書代筆出書

扮學者大家的虛假政客們，引為赧顏愧色。對於收入書中的劉、李
訪談部分，李澤厚曾做認真校讀、精心增益，較之原來，多有新色。
而附錄書後的李澤厚《關於「美育代宗教」的雜談答問》、《漫談
美學》二文，以及李澤厚著作年表，對於我們通過《李澤厚美學概
論》，理解李澤厚在學術追尋、思想探索上的前後與得失，把握他
走在美的歷程上的堅持與選擇，有著或多或少的裨益。

（原載《圖書館報》2010 年 3 月 12 日）

閒書作枝好為依

　　近來幾年，李零總有新作不斷推出，諸如《花間一壺酒》、《兵以詐立》、《喪家狗》等，不僅在權威書榜上長時間名列前茅，而且為全國紙媒網路大力推重、廣大讀者傳言為有價值的好書。細讀李零著作，有專論帛書方術和經史子集的，有縱橫談論文化源流與個人觀感的，一一寫得由近及遠、深入淺出，又文字流利、多有情趣，非一般所謂學術明星娛讀文本所能媲美。李零的文章好讀且耐讀，無論是貌似文縐縐的簡帛古書考鏡覓源，還是解讀兵家《孫子》、儒家《論語》，都能讓人讀之有味、嚼之過癮，而少有枯燥煩鬱的感覺。

　　有時凝神左右遐想，李零不過一位從事考古、古文字和古文獻研究的高校教授，沒有去百家講壇、湖湘講堂一類電視節目高談闊論，又何以能接連出書惹得讀者青眼有加，尤其在知識分子群體中賴有好評、享有嘉譽。究竟何因，則不得不引我往其文字內涵、著述價值上，做一次追根究底的尋思。

　　他除外出考求古代文明外，大多時間坐擁書軒，讀中國的諸子百家，讀西方的多流派哲學，讀古代的天文地理和社會歷史，也讀共產主義的馬克思與記載殘酷無情的歷代戰爭史……慢慢地，讀得津津有味的他，在興致脅迫下疾書漫筆腦子裏的感受，輕鬆自然，騰挪有致。能如此行文，引人入勝，使我輩油然欲知其淵博知識，

如何修養、積累而成。今讀其新書《何枝可依：待兔軒讀書記》（生活·讀書·新知三聯書店 2009 年 11 月版），能可窺一斑。

書中所收，多是李零平日的讀書筆記，分為五個部分，有十八篇文章。平常我們所見的讀書筆記，大多是閒話碎語，但李零筆下的文字近似專論，很少叢談瑣語。多篇文章尾碼以補記，以一個文采酣暢、長短不一、詩意盎然的說明，深化讀者對其寫作經過和構想的認識與理解，饒有品味。如寫於 1983 年馬克思逝世紀念日的《讀〈費爾巴哈〉章》，從考究版本原貌與敘述結構、分析概念術語的來龍去脈和主要內容、撇開各種細節逆向追溯創作思路及同馬克思晚期著述作一番比較，較清晰地為我們紹介了有著承前啟後性質的馬恩第一部成熟著作，勾勒了其所理解的唯物史觀的原始表述。文後補記，雖是寫於二十六年後，但對於我們理性地看待發展的馬克思主義和《費爾巴哈》在中國的輾轉出版，有著很大的幫助。綜讀全篇，一篇屬於政治經濟學、意識形態學理範疇的解析文章，卻被李零寫出了許多深意和趣味，正文寫於思想趨向解禁的八十年代初期，於今毫無陳舊褪色感。以此開篇，足以證實李氏讀書，於無自拘處，讀出了不少經得起時間風潮沖洗滌蕩的思想。

讀萬卷書，行萬里路，自杜甫伊始，有不少與知識結緣的人喜傳樂道，立此為據，引為座右銘，李零也是以此為人生最大樂事。有趣的是，他把所讀之優秀著作視為閒書，意欲「借讀閒書說閒話，冷眼向洋看世界」──他所洞悉的生存社會是：「我們不可能回到過去。不僅回不到孔夫子和孫中山的時代，同樣也回不到史達林和毛澤東的時代」。但，路在哪裏？其有些茫然，因為「一個時代已經結束，另一個時代還沒開始」。

　　我們跟著李零說歷史、談考古、論漢學、看戰爭、話革命，會發現其讀書多方涉及，雖有不少冷門，亦樂讀而不疲。無論是其閱讀《費爾巴哈》、《先秦諸子系年》、《劍橋戰爭史》、《赫章可樂二○○○年發掘報告》等，或是漫談由孔子之死引發的思考、新世紀中國考古學傳播、中國歷史上的恐怖主義，還是反思中國史學現狀、考古「圍城」與一場圍繞某人著作引發的討論，他都認認真真寫出自己的評判與見解。

　　國學宗師錢穆的《先秦諸子繫年》，數十年來多有學者名家虔誠學習，李零亦然。他以地理的角度切入，廣征博論，對諸子所處的生活環境、籍貫出身、學問所出等作了簡易分析，並以當時武化與文化逆向發展趨勢來觀照思想現況，評價是書乃「先秦諸子的思想地圖」，切中肯綮，別出新境。

　　英國軍事理論家富勒《西洋世界軍事史》與英國左翼作家喬治・奧威爾《動物農場》，在全球閱讀史上都有重要地位，前者論述希臘羅馬至二戰結束的西方軍事歷程，洋洋大觀，對西方戰爭通史很具見解；後者延續始於《伊索寓言》的西方文學傳統，借助以動物為主的童話和寓言形式，為自 20 世紀後期以來的讀者，描述了一場「動物主義」革命的醞釀、興起和最終蛻變，切實地表現了當今人類的處境。李零讀過二書，抓住根本，多方引證，長篇大論，甚為豐贍，對於我們瞭解西方戰爭與政治革命，確有其他類似著作難以企及的分量。

　　李零曾據太史公所記，旗幟鮮明地提出孔夫子如喪家狗，不無道理，他對孔聖人與《論語》並非不尊重，只是在他看來，世人沒有必要去神化先賢。他由孔子之死，想起了合乎科學精神與批判精神的兩種懷疑，對於我們認識歷史有一定裨益。有著疑古與考信精

神的李零，除在考古實踐和思想，有獨特的一面，還由近來難以制止、弱化的恐怖事件和暴力衝突，連繫到中國史上的恐怖主義。他對刺殺與劫持二面，作了有理也有趣的剖析。尤為耐讀的是，其為曹沫、專諸、要離、豫讓、聶政和荊軻這六位古代刺客畫像，描神繪骨，勾畫了了。然而讓他和我們所遺憾的是，古代的刺殺多屬親近正義的非常行為，而今日國際主流定義的恐怖主義下流血的大部分是手無寸鐵的勞苦百姓。

從業學術研究，免不去見仁見智各論短長，也避不開凌厲尖刻的批評。怎樣進行，如何接受，這需要一個平靜心性寬容對待的維度。華裔美國教授巫鴻在哈佛、芝加哥著名學府執掌教席，出版專著，屢發新論，不經意之間引發西方同行普遍不滿和貝格利「狂轟亂炸」。李零出於對學術的尊重，予巫文以中肯的評介，意欲消弭他人對其所謂中國色彩太濃、國際化味道不夠的看法，怎知惹禍上身，受到嚴厲的批評。當我讀完李零對此事具體過程的評價，及對批評者客觀冷靜且樂觀的答覆，不由驚歎其批評方式與學術規範的稔熟程度和寬容胸懷，在開放態度中得到了完好的發揮。

初見《何枝可依：待兔軒讀書記》書名，已覺有趣，其不去理會人們訕笑韓非筆下可憐的、呆傻的宋人，反而借來典故欣然命名書齋。古人待兔而荒蕪了農活，時間久了，只能飲得西北風暫充饑；李零待書而讀卻悟出來真諦，冬去春來，還為不少求知者提供了上好噴香的精神麵包。昔日英武的曹孟德求賢似渴，高亢而歌「何枝可依」；而李零靜心悅讀，在汗牛充棟的書山找到了怡樂自身的平和依靠。他所讀之書，其中思想感染與懾服了他，誘使他或有感而發，或拍案而起，這般行為，長時間地堅持下來，實屬非易，但他一直選擇著以文字的方式，來表達一種思想理念與文化操守，讓人

們發現樂讀群書的他，畫出了讀書可療治短視、淨化生活的枝椏，
如得清醒，亦不失強勁的依託。

（原載《山西圖書發行》2010 年 5 月 15 日）

文化彰顯建築的魅力

　　稍不注意，一個熟悉的地方，可能就崛起一幢或一群高樓大廈，高低參差，形態各異，讓我驚歎社會發展的快速，景仰房地產商紛呈精彩的大手筆。有時我會作些比較，發出感慨，點評一下這個龐然大物的新異偉美，當然，也因設計、造型、高度、材質和周邊環境、配套設施，尋思造物主們是否在創意時，可曾有過內涵文化價值、進入歷史記憶的思想。

　　讓人留戀的樓宇台閣，是應具有獨特的文化內容、藝術特色和歷史意義的。那些體現民族性、大眾性和科學性的建築，往往能成為人們談論、懷念的珍品及典範。建築好比是一個軀體，藝術為其筋骨，文化是它的血液和靈魂。蔣祖烜雖不是專業的建築人士，卻因喜好、觀察和不恥下問，立足湖湘，極目遠眺，結集一部值得深讀、耐人回味的《念樓驕：蔣祖烜建築隨筆》（湖南大學出版社 2011年 4 月版），將他對建築、規劃、景觀、園林，結構、材質、形態、審美，甚至某一建築藝術家或作品的思考，以及他在審視建築業態、保護文化遺產上的理解，都作了具體而生動的文化闡釋。

　　蔣祖烜有心地感受工作、生活中的新舊建築，或有緣走進異地他鄉的山水之間，觀賞到不同類型的特色建築，總不忘把觀感、體會形諸流利、曉暢的文字。其中有不少獨到的見解和認識，讓人讀到充滿期待、歡欣、清醒的情趣與韻味。

　　他在一幢有數十年歷史的老樓裏，工作了十餘年，因一次修繕，暫時搬離，有了不捨——他對老樓產生了老友般的情感，老家似的愛意。他回味樓裏的陳列、裝飾、結構和帶有傳奇色彩的水磨石地面，獲悉當年毛澤東從附近賓館散步至前坪同人打招呼的情景，更想方設法尋找到建築師吳景祥的真實背景和淵博學識……哪怕奔赴千里之外的京華勝地工作，他對老樓的鍾情和戀愛，也無法釋去。

　　他同有特色的文化建築，似乎有著無數的情愛。這種情感激發他一直留心走過、路過和駐足撫摸過的木石結構，收穫了許多意想不到的趣味：在毛澤東文學院，他看到了庭院深深中的華美和恢弘，感受了溶溶冬日裏的和暖與聯想；在岳陽樓，他想起了滕子京的含辱勤政、范仲淹的憂樂情懷與何紹基的酣墨揮灑，想起了人們對木構建築在恆久性上讓位於石構建築的誤識；在雪梨歌劇院，他近距離感受了神奇建築裏的理性力學、邏輯音響和和諧美學，驚歎過雪梨政府在設計師半途撂擔子後，毅然完成這個驚動世界的大工程……他邂逅精工細作中營造出的沉著與大氣之美，在簡潔、質樸而從容的架構中，看懂了審美和適用，古樸和清新，淡雅和睿智，地緣和血脈。

　　他在嶽麓書院和建築學教授一席詳談，知悉了昔日山中和尚對儒家學院的屢屢修補，看到了他人言傳儒釋敵對的部分不真實。他從國家大劇院建設總工程師那裏，瞭解到那座能載入史冊的偉大工程，如何科學有序地建設，怎樣不做宣傳的造勢。當國家大劇院巍然聳立在人們眼前時，人們疑惑著，為何多次從它身邊經過，都沒聽到機器的轟鳴，沒看見揚起的灰塵。

　　蔣祖烜常藉出國公幹之便，對當地民居溫馨的環境、綠化的群落、經典的佳作、花映的外牆，以及別有品位的格調、時尚、風格、

流派和變遷，產生過各種各樣的好奇和心儀。親近這些宜居的村落、民宅和環境，他不單欣賞清新的風景，而是尋思不同房屋造型，不同建築師的傑作，不同國家民居的建築，可否為國人學習。他看著迥然異趣的房屋，在造型、色彩、結構、材質和環境上獨特的創意，觸摸那美麗的外部和優雅的內質，體會那崇尚自由、追求個性的民族文化心理，更感到外國民居在規劃、佈局和整體建築標準，值得自己同國人借鑒。

很有意思的是，他在裝修自家房子的理念和設計，適用而環保，經濟而個性，沉著而簡潔，不追求繁瑣複雜的偽古典主義，也不信奉前衛離譜的超現實主義，硬把一個70多平米的地方，裝修成其樂融融的溫美小屋。雖然文字不多，但清晰的思路，明瞭的文字，足以為準備裝修房屋的人們靜心閱讀，或能發現不少開闊視野的啟示。

蔣祖烜把麗江大研古鎮的建築，視為「凝固和流動的交響」；他因湖南大學建築與景觀而隨想，感觸「哲理與詩情的散步」，他走訪大碼頭的老巷，發出「老的，也是美好的」感歎……建築與環境的共融，色澤和尺度的諧和，文化同建築的交匯，展現了建築藝術的高度和歷史。不論是速寫巴賽隆納的古老建築，還是走近香港島上的現代樓群；不論是驅車在高速路上感受城鄉的變化，或是對中國內地城市建設的期待和思考，他都在尋找保護文化遺產與開發現代城市的最佳切合點。他閱讀城市裏的建築和文化，審視城市發展中的建設性破壞，聯想歷史文化建築的展現和保存，反思如何在與時俱進的城市文明下，消除以往城市與城市居民之間游離及脫節造成的偏差，期待地方官員立意高遠又細緻入微地造福人民。

他喜歡走近蘊涵文化的建築實體，且多次就相關方案、圖書、文章、訪談和水彩畫等，梳理出充滿情趣的理性文字。他曾為一本

建築文化名家的新著《中國四代建築師》撰寫評論，讚歎「為中國建築師立傳」的「意義是積極而深遠的」，引來作者楊永年來電驗證蔣是不是學建築出身。因為他的意見接近於某些專家。他樂意推薦建築方面的優秀圖書，激賞當代建築文化圖書「貼近大眾」，還寫信給建築系的大學生，勉勵多閱讀專業書籍，觀察建築物的尺度和比例，用作品向歷史和社會表達觀點和情趣。殷殷情意，流蕩著他對建築之理的信仰和傳遞。

從嚴格意義上說，蔣祖烜只是一位對建築文化有著濃厚興趣與激情的愛好者。但他的愛好和情趣，卻使他的認識和理解、審視和沉思，有了許多專業的高度和深度。他隨想建築與文化的血肉情緣，體味到與眾不同的樓之趣、屋之品、城之韻和築之理，讓這些在《念樓驕：蔣祖烜建築隨筆》中，虛實掩映，相得益彰。尤其是 50 多篇文章中，幾乎都擇取了適宜精當的圖片，編排其中，直觀明瞭，圖隨文走，情景凸顯，在極具耐讀性、知識性的同時，生成了不少觀賞性、史料性，讓我感受到其切入觀照的獨特、豐富、多元和清晰。

能夠長期宜居的屋舍，需考慮整體結構的舒適、同周邊環境的天人合一。若有不慎，便會呈現無序、混亂、粗糙的偽劣工程，損害和侮辱了鄰近的彰顯藝術、傳承文明、烙印歷史的時代建築。善待歷史文化遺產，不能按比例移植至某指定處，那樣無法完善真實的價值和意義。而我們身邊的生存空間、歷史建築、文化遺產，屢遭現代性建設破壞，讓人不無蒼涼和感傷。蔣祖烜對歷史文化風貌保護的感奮和憂思，入情入理，深入淺出，以其豐富的素材，雋永的文風，精深的分析，開闊的視野，把一個當代知識分子對傳統建築文化的理解和研究，推進到一個新的水準，給我深刻和欣悅，溫柔和慰藉……像這樣對傳統建築內涵、現代建設思想與當前人居環

境，實現思辨性、史識性、啟悟性、學術性統一於客觀、率直、嚴謹、大度的論述意蘊之中，凸顯獨特的見識與神采、思想與藝術，應當說是少見的。因此，在一定意義上可以說，《念樓驕：蔣祖烜建築隨筆》雖只是隨筆、片斷式的內容集結，但本身能預示著一種新的建築與文化研究範式的出現，這種意義顯然已經超出建築史研究的範圍。我期望更多的有識人士，意識到賡續建築中的文化魅力，是增強時代文明的一種實際和作為，這樣能減少尊重歷史、閹割文化的無奈、短視、茫然和傷害。

（原載《新聞晨報》2011 年 8 月 14 日）

尋蹤缺席者，微言曉大義

誠如李歐梵所言「政治上氣數愈衰，文化上的創作力愈旺」，翻開中國現代文學史，一系列耀眼的名字、一大批耐讀的著作，伴隨著中國文化思想史的現代化轉型，生發出新時期知識分子的特有光亮。然而，不同階級階層並立，不同人生理念尋求，不同意識形態反映，使得中國現代文學史上原本成績斐然的傑出者，在後來的風雨中被洗刷去了昔日的光彩，即便在紅色光環照耀下，也慢慢銷聲匿跡、悄悄含恨隱去。

大凡我們帶著理性與客觀查找史料、閱讀過去，可以看到在政治與知識之間，確實行走著一些今天難見主流經傳的陌生人，曾經在中國現代文化進程中，不時彰顯出新文化運動參與者、傳播者的獨立風采。作為廢名後來鄉黨的眉睫（原名梅傑），雖年不出而立，卻有著成熟的知識分子信仰，在專心研究廢名在現代文學史上的文學地位與存在意義的同時，有意識、有目的地考量了民國時期文學中的豐子愷、朱湘、葉公超、朱英誕、喻血輪、石民、丘士珍（南洋作家廢名）、劉任濤、溫源寧、黎昔非、胡適、傅雷、梁實秋、朱雯、周作人、許君遠、沈從文、陳林率、梁遇春、趙宗濂、喻的癡和沈啟無等數十人。如此一大串名字，除少數尚為我輩熟悉外，多為現代中國文化史、思想史、學術史研究上的缺席者。

究其原因，緣故種種，政治風雲，社會變遷，毋庸多言。但好讀書、善思考也執意為缺席者抉微探幽、正名立傳的眉睫，欲不讓

我們和我們的後人徹底地遺忘過去的歷史。史料已罕見，濁黃也嗆
鼻，但他志在尋蹤探秘，滿懷虔誠，旁搜遠紹，獨立研究，近十年
下來，已在所處領域頻有斬獲，為中國現代文學史料集成貢獻著一
股勃勃生機、殷殷赤情的綿薄之力，也嘉惠士林，為不少研究志士
提供了許多價值不菲、意義顯然的重要線索。

　　作為現代文學史上的一個異數，廢名（馮文炳）跨越詩、文、
論、佛諸多領域而難於歸類。其童年受過傳統私塾教育；讀師範時
開始接觸新文學，被新詩迷住，立志「想把畢生的精力放在文學事
業上面」；畢業後在小學任教，思想較為激進，與董必武、陳潭秋
等馬克思主義學說傳播者有交往，也常給胡適、周作人寫信；在北
大讀書期間，廣泛接觸新文學人物，參加淺草社，投稿《語絲》；、
後出任過北京大學國文系、東北人民大學（後更名為吉林大學）中
文系教授。他寫出的文字以「散文化」聞名，文風晦澀，詩意盈盈，
人稱「廢名風」，對沈從文、汪曾祺等產生過影響。他與周作人惺
惺相惜，與俞平伯、江紹原、沈啟無並稱周門「四大弟子」，文采
最受老師喜愛，被贊曰「文體之簡潔或奇僻生辣」；同時，也兼具
魯迅的追隨者與批評者於一身。有趣的是，頗具才情也解風情的廢
名，只因相貌不揚與性格乖張，每每出現在別人的敘述中，總是一
副怪異模樣。

　　眉睫長時間地研究廢名，從民國時期的報章雜誌中鈎稽出其不
少鮮為人知的文壇故實。他多次採訪廢名的學生、親友和鄰里，搜
集廢名的往來信函，曾專程回鄉到縣檔案館、縣一中等處查閱原始
檔案，還沿著廢名曾經走過的路線實地考察，掌握了大量珍貴而翔
實的資料。從而，在眉睫的筆下，出來了《廢名與周作人》、《有
關廢名的九條新史料》、《講堂上的廢名先生》、《並非醜化：廢

名的「真實」一面》、《新發現的一封廢名佚信》和《又發現廢名的三封信》等一系列專題化研究文章；其中，不少對廢名研究而言具有填補空白性的價值，提供了一定的有著歷史意義的文獻參考。讀到這些，人們對於漸已生疏的現代文學健將廢名，不難有重新認識、歸位的念想。尤其是曉知廢名在講台上得意自誇而狂放、為學術爭論對熊十力大打出手、為生活奔波四處謀職、謙遜與自信之外的浮躁和自卑、給一友人愛妻寫過整整一部詩集但未奉上也不出版等事情後，其性情中人的模樣在眉睫的文字中，勾畫了了，栩栩如生。

廢名有一個怪異人生，卻影響了身邊不少作家學人，諸如石民、林庚、卞之琳、沈啟無、黃雨、南星等，他們形成「廢名圈」，在現代文學史上大出成績、饒有聲名。眉睫自 2004 年開始探索「廢名圈」群體的起落盛衰，在研究「現代文學史上的失蹤者」時多費心思，堅持以公正的著文態度與識史觀念，予以了中肯的評判，如讚賞英年早逝而被遺忘的詩人、翻譯家石民為「象徵詩派驍將」，論評 20 世紀二三十年代主攻文學創作而多有詩文小說問世的朱雯為「廢名、沈從文的早期傳人」，引導今人重新認識、記住淪陷區的代表詩人、詩評家朱英誕，還以豐富的史料證明、客觀的分析解讀，為我們紹介了廢名的老師葉公超、同學梁遇春。

眉睫是一個有心之人，不去簡單地拾取主流作家、學者豐富的材料寫人云亦云的讀本，而是挖空心思、想盡辦法地去探尋文學史上的缺席者們的成長與消逝。他研究存留資料不多的「陌生人」，認真扎實地去挖掘、尋找更多的資料，盡可能地以第一手資料為那些已被人們淡忘、但不能遺忘的不平凡人單獨畫像繪神。一切的一一，他以真實的史料說話也展開分析。在常人眼中，這些文人學者除去儒雅、迂腐、固執，就是寫作、研究與教學，別無他為。但眉

睫卻發現了一系列真正有歷史價值的東西，這就是他在思考中、行文中所抓住了受新文化思潮影響的中國現代知識分子的風情、風骨與人生。如根據許君遠後人提供的照片、手稿、原刊本、初版本等影印件，眉睫不但為我們寫實了作為小說家、翻譯家、散文家的許氏如何投靠北大、怎樣與北大教授交往等的點點滴滴；同時，還以年表的形式，勾勒出了許公著書立說、編報出書的崢嶸一生。眉睫對許氏是頗有感覺的，不僅在研究上不惜辭費，更是在其逝去數十年後輯成一卷《許君遠文存》，無怪乎文章大家、高校名師陳子善教授多有激賞。

對於中國現代文學史上諸多性格特立、性情鮮活的文人學者，眉睫都是深入進去發掘雖不為人知、但價值不菲、亦生動有趣的掌故，使得我們眼中心裏的舊文人們的形象棱角分明，躍然紙上。如只要陌生人說了幾句好話就熱心幫忙的胡適，對於自己的三位得意門人吳晗、羅爾綱與黎昔非卻持兩種截然不同的態度，吳、羅二人得乃師扶掖終成大家，而黎氏多為業師出力卻因為人木訥而不得提攜。海歸派的翻譯大家傅雷，雖有多種著述傳世，也因性格使然曾與藝術大師劉海粟數度分合，一身文人的古奧倔強、耿直單純、剛正不阿、絕不苟且的性格，把自己和妻子最終逼上了雙雙自殺的絕路。

鴛鴦蝴蝶派作家喻血輪寫作的《林黛玉日記》曾為民國初年暢銷圖書，後一版再版，流傳至今，遠勝於當下庸俗淺薄的情色文字，但查文學史著作，鮮有留名。眉睫不但為喻氏重新畫像，還列舉出其兄長喻的癡、幼弟喻血鐘、妻子藍玉蓮多有文字傳世，而且考證出喻氏先祖乃乾嘉年間性靈派著名詩人喻文鏊。如此考據，足見眉睫為了探究中國現代文學史料中珍貴且真實的一頁，下足了苦功夫。我們透過《現代文學史料探微》，還能看到廢名避難黃梅寫給

縣立初中校長的兩通書信、「黃梅五子」成就最高者喻化鵠的墨蹟、郭沫若為「大半生在文學和醫學之間徘徊」的現代劇作家劉任濤的題簽手跡、一封佚失多年的沈從文寫給《中央週刊》發行人兼主編劉光炎的函件……

由於中國現代歷史進程和特定社會結構的客觀存在，我們對於部分文學史上的失蹤者，一時無從置喙，但不能以一種想當然的應然判斷去替代冷靜的史料解釋，也不能對某一些人物、事件套著碎片化的材料獨斷性地下所謂合理與正確的結論。我們從一個新視角中重新認識中國現代文學史，不但要發現有價值的佐料，更要在正面的思考與梳理中展開充分具體的討論。眉睫研究「廢名圈」和「失蹤者」，有自己的識見與思想，完全走自己的路，不拾人牙慧，完全讓所尋找到的史料，為立論說話，給研究增添自信。他將現代文學史上險被忽略的真實，納入獨特的研究途徑之中，勇敢地從事著有時代意義且富挑戰性的工作。雖然篇幅都不大，但立論得體、思辨清晰、分析深入、行文曉暢，自會引發更多的讀者、專家支持和關注文學研究史乃至文化研究史上對缺席者的研究。此前，眉睫有《朗山筆記——現當代文壇掠影》和《關於廢名》，入列台灣秀威出版的世紀映象叢書，今從二集擇取重要篇什結成《現代文學史料探微》（上海遠東出版社 2009 年 8 月版），不難發現，其所做的研究、所寫的文本，在全球化、市場化和現代化的時代潮流面前，尚能贏得許多讀者、不少學者的青眼有加。我也相信這些更能推動人們對現代文學史的進一步重新思考，以便祛除為非正常意識所製造的如影相隨的惶恐、茫然及惆悵。

（原載《山西圖書發行》2010 年 2 月 10 日）

吳敬璉的清醒與勇敢

　　2000 年，中國股市掀起一股激烈氣氛，吳敬璉向爆炒股市的躁動急潑一盆冷水。同年 10 月，針對「基金黑幕」事件，他果敢地發出「基金市場黑不得」的強音。後來，他在解決住房問題上主張多建廉租房，指出城市拆遷工程中按市場價格補償的不合理，強調春運抑制票價上漲違反市場規律……他經過觀察和調研後，提出一連串真知灼見，因衝擊到某些人的既得利益，激起他們在話語上的一次次反駁、抨擊與炮轟。近兩年來，爭議者對於「中國經濟學家的良心」吳敬璉的言論思想，多有曲解，大肆非議，使之接連陷入「獨立董事風波」、「間諜門」及財團代言人的境地，更將其劃入「保衛富人聯盟」，無厘頭地渲染，無邊際地放大。

　　作為曾經的高層智囊、中國市場經濟的宣導者與推動者，吳敬璉在中國經濟改革史上，有著「吳市場」之稱譽，是個極具影響力與聲望的傳奇人物。他以經濟規律為根本依據，堅持富民強國的理想，尋求政治改革促成法治市場體系，以一系列前瞻性思考，期待政治平權、法律平權下的自由市場出現。他依憑經濟體系的正常運轉作為最大前提，推動經濟大循環的良性發展，著眼於經濟社會在現行制度和利益博弈中的根本性問題。吳氏深處輿論漩渦、應對詰難謠言，釋放出堅信世界真理與市場真相的智慧與力量。

　　朱敏著述《吳敬璉：風雨八十年》（浙江人民出版社 2010 年 3 月版），把吳敬璉的經濟人生，主要分為懷握紅色理想的少年歲月

（1930-1949）、「蓮」「蘭」同生共榮的青年情意（1949-1976）、擔當「市場經濟旗手」的中年使命（1976-2000）和尋求法治市場的晚年理想（2000年至今），意欲平和冷靜地還原時代深意，在大歷史的視角中觀照吳氏風雨路上的成長和抉擇，解密這位「見證時代潮起潮落，走在爭議風口浪尖」的老人的市場經濟思想，把握其思辨歷史原相背後的學術理性與市場良心，清晰地展示了一個純粹治學、特立獨行的智者人生。

　　吳敬璉出生在一個實業家庭，當時中國正值內憂外患時期。自其曾外祖父開始，外祖父、舅父、母親、生父及繼父，均有著實業救國、科學救國的熱切夢想。其母鄧季惺、生父吳竹似與繼父陳銘德，共同創辦了《新民報》，試圖從新文化、新理念的方面，啟迪民智，維護民權，保障民生，將先輩在思想信仰、精神氣質上的熏染，延伸到血緣與意志的傳遞之中。

　　父母興辦報業，在當時無論是發行量上，還是內容上，以及對時政問題的敏銳性、責任感，都有著極大的社會影響。律師出身的慈母鄧氏，繼承前夫遺志與後夫攜手辦報，不懼威權，激濁揚清，在抗戰前後、國統區上，把一張民營報紙辦出了五社八版的大影響、高品質，成就了私人辦報的紅火局面，也取得了現代報業史上女權先驅之嘉譽。夫妻聯袂，打造報業勁旅，推動中國法治民主社會進程，除及時報導日寇侵華的事實外，亦對共產黨爭取和平統一的行為予以了如實宣傳。他們希望政府能出台一部「出版法」以保彰新聞出版自由，從而競選國大代表與立法委員，但在當時獨裁專制的國民黨時代，無可避免地願望破滅，甚至深陷於政治紛爭，報紙先後歇業停辦。這一切，深深地感染了年輕的吳敬璉，他思想激進，

追求進步，與接近共產黨的二姐夫曾竭力反對父母接受虛假的政治橄欖枝。

初中畢業後，吳敬璉接觸了毛澤東言論，經常翻讀母親贈送的《毛澤東選集》，偷聽延安電台，受此啟蒙，參與救亡，還似懂非懂地接觸記載馬克思經濟思想的《資本論》。建國後，由於身體羸弱，不便於工科的實驗操作，吳氏考入了金陵大學文學院，後因養病休學，翌年重讀金陵大學經濟學專業，慢慢成長為一個具有憂樂情懷的進步青年。他帶著新中國需要經濟建設的樸素理想，走上了為中國現代經濟事業奮鬥的慢慢長路。

由於癡迷偉人學說，他大學期間參與過共和國初期貌似激進、實則偏執的政治運動，參加工作後不由自主地批判「中國的利別爾曼」，而當時其父母身陷「三反」「五反」運動被批鬥，恩師兼摯友孫冶方寬容地激勵他從事經濟思考。後來，他遭受了「文革」冷酷衝擊，下放五七幹校改造，在不斷反思與沉澱中，認清了特殊時代狂妄與無知迷失人性的現實，走上了市場經濟科學探索的坎坷之道。

「左」毒橫流，經濟倒退，厄運頻至，但無法捆縛有公民責任感和時代擔當的思想者。顧準的學術思想與人生風節，徹底征服了吳敬璉。他們一邊學外語，一邊探索中國的經濟命運，擠出點滴時間，想盡辦法地思考與探討，渾然不顧處境危難和時勢折磨。他的毅力和勇氣，沒有被逆境侵蝕消磨掉。他審視國內經濟情勢，並置之於國際視野下縱橫考量，積聚潛能，為後來分析市場體制、考察通脹短缺、打破計劃僵局、推行市場經濟、促進國企改革等，做了充足的準備。隨著改革開放的深入發展，吳敬璉對價格、市場、民營、國企與宏觀調控、法治力度，以及市場與法治、技術與制度的

博弈的思索，完全遵循著經濟規律與市場要求。為構建中國市場經濟體系，他覃思深究，殫精竭慮，待到成果紛呈、眾人歡呼時，他卻在冷靜地思考改革開放 30 多年的欠缺與漏洞。

吳敬璉一直保持著正直知識分子的堅毅和清醒，堅守著經濟學家具有的科學勇氣與普世精神，全然不顧犬儒的明槍與權貴的冷箭。他抨擊股市投機的潛規則，解剖基金黑幕的孿生鏈，強有力地針砭滯礙法治市場完善、政經體制改革的不合理的非常現象。吳敬璉解析中國股市之爭的利弊，期待法治力量與市場經濟結合一體，呼籲抵制杜絕權貴資本主義的侵蝕，以避免轉型中的中國社會滑入「拉美化陷阱」的危境。

對於正在崛起的中國經濟，吳敬璉頭腦是清醒的。即便年屆八十高壽，他仍堅持融合智慧、勇氣與理性的思想，自始至終地捍衛公平正義下的社會經濟發展。國家的強盛繁榮，民眾的富裕自由，是吳敬璉執著於市場經濟理想的精神內核，也是朱敏受其追求感染、為其描畫人生的最初動機。

朱敏對吳敬璉的觀察，對其經濟思想的理解，除利用較長時間共事的機會體悟外，直接或間接地借鑒吳曉蓮《我和爸爸吳敬璉》、柳紅《當代中國經濟學家學術評傳‧吳敬璉》等相關內容，並涉及與孫冶方、顧準、薛暮橋、于光遠、厲以甯等經濟學家的交往或分歧。雖為健在老學者書寫傳奇人生，但不為尊者諱，不迴避其青年時代的錯誤，甚至連其女曾改名字與挨批鬥的父親劃清界限的苦痛無奈之舉，都有一定的紀實，從而不難發現傳主敢於懺悔、正視錯誤的高潔，及作者尊重歷史、如實記錄的品質。在重點反映共和國 60 多年來經濟改革歷程中的吳敬璉選擇與堅持時，無論是歷經十餘次經濟論戰，還是具體到人民幣、匯率、房地產、拆遷、春運等社

會問題，作者無不真實有效地表現了其在經濟思想史上所扮演的角色與姿態。

　　朱敏密切關注中國經濟轉軌與制度創新，努力追求財經專業精神與人文情懷，在理解吳敬璉主張「法治」與「市場」聯姻的經濟思想同時，滿懷對老一輩經濟學人「雖不能至，心嚮往之」的崇敬情愫，初步嘗試了這部有關經濟改革和經濟學發展的個案研究。他既側重描寫吳老個體經濟人生的心路歷程，又兼顧了一個特定時期人物群像的大寫意，便利了我們瞭解新時期經濟學的奧秘與經濟學家的作為。稍有遺憾的是，朱敏在塑造吳敬璉豐滿形象的同時，對於一直默默支援他堅守自由市場、個人權利事業的妻子周南，輕描淡寫，顯得單薄。在吳氏挨批鬥時，有人脅迫周南與之劃清界限時，她要求對方拿出愛人犯有錯誤的證據來，僅僅這樣一句辯白，足見吳氏夫妻「蓮（璉）」與「蘭（南）」情深意篤，應該說，沒有周南的支援與相信，吳敬璉的學術事業必然存有欠缺。

　　先前寫有《大變局》、《激蕩三十年》及《激蕩一百年》等暢銷書的財政作家吳曉波，在 2010 年元月北京圖書訂貨會上隆重推出《吳敬璉傳：一個中國經濟學家的肖像》，撩發了廣大媒介、讀者殷殷期待與烈烈評論的興致。不久，吳敬璉前助理柳紅著文指出其中有 14 處硬傷和 7 處軟傷，甚至更多，激起了一場見仁見智的風波，尾隨柳後者，還有多位。對於朱敏《吳敬璉：風雨八十年》，是否也有批評者存在質疑和反對，暫時不知，我以為，這有一個值得史實驗證、時代辨析的過程。為生者樹碑立傳，難免為個人情感與意識觀念所影響，但不以此為忌諱與牽絆。在亟須強化改革力度、優化法治精神的今天，還原一個真實的吳敬璉似已是時代要求，這也令朱敏能夠盡可能地堅持用平實公允的筆墨，寫清現代經濟社會發

展的是非曲直，樹正市場經濟改革思考者與探索者的公眾形象，而
不拔高諉過、杜撰資料、捏造事實。惟其如此，才能更好地激勵更
多的讀者在呼喚一個公正理性的和諧社會到來的同時，尊敬傳主，
也尊重作者。

（原載《雲南日報》2010 年 7 月 23 日）

林毅夫的榮耀與傷痛

　　提及林毅夫，很多與之相關的「第一」、「最」的事例，把中
國和世界連繫在一起。他是中國大陸改革開放後第一位從西方學成
歸來的經濟學博士，第一位在國際最具權威的《美國經濟評論》、
《政治經濟學雜誌》發表論文的中國大陸經濟學家，第一位登臨國
際經濟學界頂級講壇——劍橋大學「馬歇爾講座」的中國學者，第
一位成為世界銀行高級副行長兼首席經濟學家的中國人，迄今為止
中國在國外經濟學期刊發表論文最多的經濟學人……就連與其相互
砥礪、攜手同行的妻子陳雲英，也是中國第一個擁有特殊教育博士
學位的專家，成為此領域影響神州、享譽國際的學術領軍人物。

　　如此多的榮耀，林毅夫完全值得我們尊敬與學習。由鄭東陽著
述的《林毅夫：跌宕人生路》（浙江人民出版社 2010 年 4 月版），
憑藉流利曉暢的文字、真實可信的事例，為人們熟知的經濟學家，
作了一次客觀、翔實的大寫意。林氏在發展經濟學、農業經濟學與
制度經濟學上的造詣和追求，一次次地為中國政府高層的經濟決
策，傾注了智慧、理性的力量。他跳出了「芝加哥學派」推重私有
化為核心的革新精神，成為了漸進式改革的擁護者；他提議國家利
用財政槓杆刺激農村生產力，推動了中央「新農村建設」的進程；
他強調國有企業的「企業自生」與「制度內生」，為政府的騰挪轉
移留出了更多的操作空間。一系列典型的「林毅夫論調」，與官
方保持了一致，契合了中國社會發展實際，為具體的決策和執行

提供了切實有效的可行性理論，他也榮膺了「中國高層智囊」的稱譽。

林毅夫縱橫談論經濟，具備著構建新理論的天賦和敏銳的政治洞察力。他極目開闊國際視野，不斷維新經濟觀念，持續地為中國經濟發展、社會進步與人居環境的優化，出謀劃策，殫精竭慮。當我們從網路、紙媒與螢幕上，接連看到他堅持走自己的路，說出符合中國特色的觀點，時而也聽聞到一些關於林氏特立獨行、溫暖人心的經濟話語和人生傳奇。而在其中，總能生發出各種各樣朦朧的憧憬與期待，期待著更多的歡欣和崇敬，追隨著林毅夫的思維與指引，走近普遍實現民族興盛、社會福祉的勝境。

林毅夫 1952 年 10 月出生於台灣宜蘭縣一戶清貧之家，父親從事農活，母親為人洗衣，其父林火樹為之取名正義，期冀其長大後為人正直，富有正義感。高中畢業後，他考入台灣大學，是時已有不類似他人的氣質。他大一期間便是學生領袖，有些激進的憤青色彩，敢於追求校園發言權。臨近畢業，一次軍訓，激發他投筆從戎，令人匪夷所思，後從軍校畢業，考入政治大學，取得碩士證書，成為當時台軍前哨金門馬山陸軍上尉連長，引發了諸家媒體長期重點報導，更是得到了蔣經國的青眼有加。但是，讓人意料不到的是，這位政壇軍界矚目的璀璨明星，於 1979 年 5 月選擇泅過海峽，投奔到中國。在他內心深處，士不可不弘毅，他捐棄了美好前程，離別了家中親人，也給予台灣當局編造其抱著兩個籃球游過海峽的傳說。

來到中國內地的游泳健將林毅夫，沒有如其他投誠者一般進入軍營，而是默默來到北京大學經濟學教授董文俊門下。董先生的關愛與激勵，使得林氏不但在學業上精進不少，再次獲得碩士學位，而且通過一次擔當翻譯的機會，最終成為了 1979 年諾貝爾經濟學獎

得主、芝加哥大學榮譽教授希歐多爾‧舒爾茨的關門弟子。四年的刻苦學習，林毅夫始終認真讀書與社會考察，除偶爾應邀參加校友會活動外，幾乎把所有時間都放在經濟學思考與學習中。他順利畢業了，以中國農村改革為內容寫出的博士論文，得到了國際學界的認可與稱譽，被公認為新制度經濟學的經典之作。此時，美國多家高等學府與金融機構向他伸出了待遇豐厚的橄欖枝，國內對其也充滿了種種議論與猜疑，然而，他果敢地帶著 30 箱英文資料和一腔赤誠男兒情，回到了科研設備嚴重落後、參考資料相當貧乏的中國。

留美期間，他與分離多年的妻子重逢了，終於可以長時間地親吻一雙兒女了，可以說如果選擇學成不歸，也無絲毫後顧之憂。而在當時，國內興起了一股狂飆式的「出國熱」，在國民中盛傳一句「外國的月亮比中國圓」，但林毅夫毅然重返他深深熱愛的華夏故園，開始了白手起家一般的中國經濟研究。為了自己的事業，他放棄了出任國家教委司長的機會，欣然地走上了探索農村發展與國有企業研究的陽光大道。

經過幾年精心醞釀和艱辛努力，林毅夫聯袂海聞、易綱、張維迎等志同道合的海歸博士，在北京大學成立了中國經濟研究中心。他堅信 21 世紀是中國經濟學家的世紀，並以實際行動與前瞻思想，不斷地把世界深具影響的經濟學家、諾貝爾經濟學獎獲得者引入朗潤園中，談論全球化經濟的現狀及遠景。這裏慢慢成為了中國學界的「少林寺」，集中了一大批思想出彩、造詣非凡的大師名家，攜手打造著鐫刻中國號的經濟學航母。他們探索糧食、土地、農民工、醫療改革、住房等幾乎所有關係國計民生的社會問題，集思廣益地為國家高層分析諸多焦點、重點和難點，協力抗拒「國進民退」的危險逆勢。作為主持者、掌門人，林毅夫深入堅實了自己在國際上

的權威地位，屢屢對中國的經濟決策，尤其對農村經濟和國企改革等領域的政策，提出了極具影響力的見解和主張。

出色的他，雖然沒有成為學院派的大學問家，但在思索發展中、轉型中國家的經濟發展方面，頻出新見，被世行行長佐利克相中選為主要助手與第一顧問。林毅夫在各種公開場合演講、接受媒體專訪與著述或長或短的文章中，總是旗幟鮮明地宣導「新馬歇爾計劃」，呼籲危機過後世界經濟復甦取決於中、美二國的強勁發展，推行凱恩斯主義實現超越以便應對全球發展的挑戰，從宏觀上、深層次上指導世界經濟增長。如此等等，無一不見一位經濟學人的真知灼見和知識良心，不難發現一位學術赤子對世界危機與中國經濟形勢的冷靜關注及敏銳洞察。一些著名學者預言，他將是中國最有可能問鼎諾貝爾經濟學獎的學者。

林毅夫不斷總結思想作自我超越，以一種頑強堅定的尋根探底的精神，表現出一種學術上尊重對手的學人風範。他追尋經世濟民的境界，把有不同背景與年齡、持不同觀點和脾氣的學者凝聚一起，相容包蓄地進行學術上的探討與思想上的交鋒。他同張維迎對於國企改革，在「產權」核心問題上產生了分歧，一個採用必有優勢理論，堅持「公有制」無礙於改革；一個經營資本雇傭勞動假說，主張「私有化」才是理想出路。各有理據，自有信心，針鋒相對，深入持久，持續一年。而在私下，他們是交心摯友。

2000 年，旅澳華裔經濟學家楊小凱來北大講學，從憲政體制改革層面出發，聲稱俄羅斯將來的發展可能超過中國，林毅夫據理力爭，予以反駁。楊、林二人，分別結合發展中國家的「後發劣勢」與「後發優勢」、發達國家政治改革與經濟發展事例，展開了「改革開放以來，就戰略級別上的中國發展所進行的最具原創性洞見、

也是最有鋒芒和理性精神的論辯」。數年來，他們在互聯網上，在學術沙龍中，在報刊論壇裏，久辯不讓，時有思考者加入，屢出創造性識見。細細體會，各有優長，可以互補，能夠促進。這樣的經濟論戰，全在推動中國經濟發展、提升民眾生活水準的目的中。不意少年有志、青年遭厄、中年成就的楊小凱英年早逝，林毅夫哀傷地寫下「痛失良師益友」的殷殷悼文。

執著的學術追求，使林毅夫贏得了國際聲譽；公開的學術爭鳴，讓林毅夫獲到了學界好評。然而，家鄉台灣的部分人士把當年游向大陸的他視為「叛國」、「投共」的「逃兵」，雖也有不少人欲從不同的方面促成其平安回歸，卻礙於種種敏感問題而未果。父母先後亡故時，他得不到有效途徑回家奔喪盡孝；每逢清明時節，他只能遙望南天祭拜哀悼先人。每每談論、回憶此事，其總是哽咽不已、清淚難抑。而不論在何地何時，享受何等光榮嘉譽時，他常常自稱「我是台灣人，我是中國人」，多次在人大、政協會上，提交鼓勵台商來內地投資並予以方便實惠的議案，還就台灣經濟發展發表了為數不少、價值不菲的文章。聞及這些，我不知那些堅決的阻止者們，是否理解跨越海峽、超越界限的現代文明，是否清楚兩岸關係中永無阻絕的中華一家情。

林毅夫，從台灣奔赴中國內地，由北大走進世行，每一次思想轉變，每一個選擇，都見證著他苦痛掙扎中的不平凡。他為了年輕時代的理想和夢想，不斷也不倦地實現著經濟富民、發展強國的家國夢。無數的榮耀，一次次地追隨、激勵著他，也讓他一次次淡忘了記憶深處的沉痛。擅長於台海問題觀察與評論的鄭東陽，對來自台灣、走向世界的中國經濟學家林毅夫，有著一種微妙而深刻的情感聯結，應該說是，感佩於持之以恆的理念操守，歆慕著弘毅圖遠

的人身傳奇，不然的話，我們很難在《林毅夫：跌宕人生路》上，看到他以強烈的社會責任和歷史感，通過一定的故事主題和理論詮釋的巧妙組織，把林毅夫這一鮮活的時代形象，描繪在有趣過癮的文字中，從而形成一卷獨特又富有啟發性的通俗讀本。

（原載《南方日報》2010 年 7 月 18 日）

許倬雲：思想智者的真實歷史

　　近年來，引自台灣的圖書，在中國內地很有市場，饒富影響。其中多為人文科學與社會科學著作，為我們真實瞭解寶島學者研究與思想，提供了不少方便。許倬雲作為台灣史學界耆宿，不但在中國社會史、中國上古史研究領域深具造詣、多有創見，且為廣大讀者寫出了一系列內容翔實、識見獨特的好書。

　　1991 年貴州人民出版社曾出版許著《中國文化與世界文化》，著重談及二種文化之間的關聯，對於我們瞭解世界文化背景下的中國文化地位與發展，有著一個新的認識，後有幾家出版社零散推出其著述，但沒引發讀者和研究者的重視，影響不大。近數年來，廣西師範大學出版社陸續推出許倬雲系列作品，諸如《問學記》、《觀世變》、《歷史大脈絡》及《從歷史看領導》，已有十種，充分展示了許氏審視與反思社會事物，絕不拘泥於中國和中國歷史本身，其憑藉國際視野來觀照中國歷史的真實與走向，而不同於國內受主流意識影響的諸多史家。我們在閱讀正統歷史分析的同時，是不能短視許倬雲、余英時、黃仁宇、李澤厚們具有個人特色的史觀、史識、史德、史才、史情的，更當感佩流利走筆形諸精彩文字的許倬雲，雖先天手腳彎曲，成長後肌肉不發達，只能借助雙拐前行，然，堅強的他，依憑非常人所有的毅力與勇敢，形諸許氏獨有的理念和眼界，為中國史學與世界人文學科的發展，取得了令我輩驚服讚歎的成就。

　　許倬雲自身缺陷，在求知治學途中，必然遭遇了很多阻礙與冷眼。他自主命途，選擇而堅持，無論是直接讀高中接受汰選式正規教育，或是因歷史成績出色而被校長欽點轉入歷史系，還是由胡適四訪華僑名士使之破格留美並獲取博士學位，以及在數十年為史學思考、為民主奔波、為自由吶喊的風雨人生路上，他都是以一位智者的身分，形成一段真實的學人歷史。許倬雲口述、李懷宇撰寫的《許倬雲談話錄》（李懷宇撰寫，廣西師範大學出版社 2010 年 1 月版），對於我們真正理解許氏洞察其從中國走向世界、於世界洞察中國的輾轉人生，有著其他無法替代的價值和意義。

　　是書分為上、下二篇，前者為許氏漫談執著追求的學術人生，分為十章；後者是李懷宇勾勒前輩學人的訪問點滴，共有十五篇。前後映照，互為佐證，相得益彰，為我們清晰勾畫了許氏漫長治學、縱橫史海、交際往來、社會觀察以及心路歷程。

　　在許倬雲口述史中，無錫許氏世家的興衰發展，抗戰軍隊不斷遷徙與百姓苦難顛沛，成為了其早期憂思而無可奈何的印象。幸好父母是開明的，屬於政府高官的許父沒有因為孩子殘疾、時局混亂而放棄對其的人生熏染與學養教育，鼓勵其博覽群書、自我修養，帶領其全方位地觀察社會，使得他於大學入學不久，便被台大校長傅斯年定為歷史專業生，才有得為今天史學界培養出一位思想大家的機會。

　　許倬雲於建國前夕隨二姐夫婦奔赴台灣，讀完三個月的高三最後階段，考入名師雲集的台灣大學。在那裏，他聆聽過方東美嚴峻得沒有半點親和力的哲學課，感受過英千里高明的外文教學、臺靜農無為而治的文學史論、李濟之上課縝密的純學者風度、沈剛伯要言不煩迤而不作的文學院長風采及羅雪堂、王觀堂、郭鼎堂、董彥

堂的「四堂」各有專長。諸多仁師，風格不一，神采獨具，使許倬雲不斷開闊眼界、維新觀念。

讓其刻骨銘心的是，一次考卷被人薦於校長傅斯年面前，便被立馬找到本人，提出他應該讀歷史，以便將來至歷史語言研究所作為幫手。可惜天不假年，使傅氏英年早逝、不盡其才，不然的話，曾為五四運動學生領袖、迫使孔祥熙、宋子文先後下台、不准特務員警隨便抓人的他，定然會為中國歷史研究領域延攬到更多的人才。傅氏在政治上親蔣反共，反對「中國走布爾什維克道路」，其要求嚴懲貪官污吏，在學術上信奉考證學派傳統，主張純客觀科學研究，注重史料的發現與考訂，著述不少研究古代史的文論，多次去安陽指導殷墟發掘……對於現代人文歷史的發展，起到了一定的推動作用。傅氏執掌一校，身居高位，卻能慧眼相中某一普通甚至身體殘缺的新生，加以勉勵，時常關注，使其特長得以發展，這是值得我們今日學校領導以及其他當政者學習的。對於真正的人才，我們能否突破單純的重視而加以重用，是衡量新時期領導者解放思想的一條重要標準。重視，說得雅些，就是看重、注意到了，按俗的解釋就是看得上、瞧得起。使用而不重視則為淺薄，重視而不重用則是空泛，只停留在重視意義的層面，而不把人才培育與使用工作落到實處，就很難把人才的重要性挖掘、體現出來。傅斯年尊重人才與培養人才，切實防止了人才制度成為「真理的侍女」。

在芝加哥大學留學期間，許倬雲選學了經濟學、中古史、考古學、宗教學、社會學等。他寄宿神學院常與諸多知識人暢懷而談，曾參加民權運動的追尋。對尊重他的同學老師、善待他的校方院領導，他心懷感恩，更忘不了在醫院裏開刀，教授埃及古代史的老教授帶著書到病床前，一邊講，一邊討論。這般受益，在今日國內已

不為多矣，稍有此例，便會有大肆宣揚炮製連篇。當學者何炳棣稱其導師顧立雅「不懂古文，要找我來幫忙」，被其視為「亂說」。顧氏曾在北平留學，到安陽看挖掘，寫出了西方世界介紹中國第一個考古發掘所得朝代的第一本書《中國的誕生》。是書的問世，早於安陽小報告，引起了李濟之的強烈不滿，但足以證明何言存有謬誤。許倬雲在東方研究所，雖沒有從顧氏那裏學到多少中國東西，但顧氏的認真敬業、寬容公正，確讓這位弟子終身難忘。

畢業後，許倬雲謝絕了美國多家單位厚薪高位的挽留，回到了台灣，一邊從事「中央研究院」史語所的研究工作，一邊參與台灣大學的歷史教學，深受王世傑院長、錢思亮校長的倚重與看好。對於王氏，我們不為陌生，1945 年的《雙十協定》上就有其作為國民黨代表之一的簽名。其創建武漢大學並為首任校長，後歷任國民政府教育部長、外交部長與國民黨中央宣傳部長等職。王世傑一生，既效忠國民黨，又與共產黨關係甚密，所發表文章，從未使用過「共匪」字樣。1943 年，蔣介石發表《中國之命運》，規定大小官員須寫一篇讀後感，王世傑安排參事代寫，因文章中有不少誹謗共產黨的語句，閱後予以堅決否定，並手書「君子不念舊惡」六字交與蔣氏。赴台後，數次出任高職，但總不屑與蔣氏父子來往，委許倬雲代與蔣經國交涉。而錢氏不但是許倬雲歸來後從事史學創新的支持者，更是為許氏赴美深造而拜求胡適之幫忙不遺餘力。王、錢二位都是有骨氣的知識分子，清正剛毅，不懼威權，雖一個毅然辭職、一個被流放南港，但都成為了許氏為人治學的良好榜樣。只不過，許氏在與蔣經國打交道次數多了，發現其身上多為平易待人、不設黨禁、大開報禁，甚至有些平民化的色彩。

　　許倬雲長期身居台灣，後又赴美執教於多家大學，但對台灣起飛、中國內地改革、兩岸交流和文藝復興，給予了殷殷赤子的憂樂情懷。他多次來中國內地從事文化交流與考察，意欲在更高層次創新中國歷史文化，但在下榻賓館接到是否需要特殊服務的女子電話、在街上看到結群賭博等，使他對於國民素質的提升甚是擔憂。他對於 1978 年後的改革開放，極為欣慰和讚賞，又不時擔心兩極分化富者更富、貧者更貧，他認為當前中國社會福利體制還需多向歐美學習取經。他期待中國內地文化作全新發展，真誠忠告推動者不能光盯著豐富的資源做冠冕堂皇的事情，不能聲聲高唱「國學熱」而滿足於數量的增加而忽視品質的下滑，不能過分追求經濟效益而使價值體系瀕臨崩潰。他一針見血地指出，張藝謀執導的奧運會開幕式，偏重於聲光與色彩，只在於挖掘過去而不打造內涵來詮釋現在中國；現代人們借助不同媒介宣傳儒學，卻很少有人抓住了實質精神。寫到這裏，我不由想起當前許多房地產商為吸引大眾目光，盡是杜撰牽強附會、不知所云的詞彙來標榜樓盤高貴脫俗，卻只如同穿了一件皇帝的衣服。不少身居高位能出大錢、包銷售的所謂官員學者，連先秦著作都沒讀懂幾段，就煞有其事地解讀、闡釋孔孟老莊，書封確實做得高檔，標價不菲，但又為廢紙再造工程作了一次預備。

　　許倬雲擅長在研究中學習，以歷史為材料，拿其他學科當工具，創造性地利用工具處理材料，頗有成效，讓身邊的先學、賢達與晚輩，引為楷模，敬以尊重。其對這些值得尊敬的人，一一致禮。

　　許倬雲勤於探索新時期歷史變幻與價值重建，思考現代中國轉舵與世界融合。李懷宇在如實記錄許氏回憶與思考的同時，冷靜觀察老人孜孜矻矻的學術探索、朋輩往來和家庭生活，即便是閒聊中

聽其呼妻為「媽咪……」，或問余英時在訪談中是否還抽煙，或談白先勇的崑曲、金庸的武俠小說，或笑談曾為余光中第一本詩集寫序……許倬雲輕鬆談論，卻無誇耀自詡的成分，即便涉及自己某一時段，也理性分析當時情形和事件，展開冷靜的社會觀察與歷史評判。李懷宇認真記述與細緻觀察，為我們能在《許倬雲談話錄》中，讀到一個充滿智慧色彩、思想光亮的文化老人真實生活，讀懂許倬雲對於現代歷史的思索、自由主義的理解，製造了許多說明。靜心閱讀著，我不由想起了南懷瑾、陳鼓應等老一輩學人，期待有更多的人能如唐德剛、李懷宇一般，記錄他們口述的學術人生與思想激蕩，方便我們在深層次上，瞭解和把握那個特殊時代遠離故土而幾度飄零的知識分子群體。

（原載《中國圖書商報》2010 年 3 月 23 日）

跨越金庸說明教

　　自金庸寫出武俠小說《倚天屠龍記》後，有不同版本的紙質讀物廣泛流傳，有分別以吳啟華、蘇有朋、鄧超為張無忌扮演者的連續劇推波助瀾，使人容易想起歷史上是否真有倚天屠龍的故事。那倚天劍和屠龍刀引發的武林浩劫，那漢族武術家對抗蒙元統治的殊死搏擊，那六大門派圍剿明教光明頂一役，那武功了得而生性憨厚的張無忌與周芷若、趙敏等女子的情愛糾葛，以及各大門派、幫會、教門歇斯底里的內部爭鬥……都給觀賞者們留下了各種各樣的印象和思索。

　　遠在英倫三島，也有不少歷史學家、高校教授，癡迷這一段有趣的武俠傳奇，還廣征博引、多方研究虛實掩映的中國武俠史。留英博士新垣平也不例外。他試圖發掘真實的武俠世界，探究金庸小說中的歷史殘影，時間久了，就有了一本亦莊亦諧、是是非非的《劍橋倚天屠龍史》（萬卷出版公司 2011 年 3 月版）。

　　張三豐、張無忌、趙敏、周芷若們是否真有其人，威力無比的九陽神功、乾坤大挪移、太極劍與《九陰真經》心法到底有無此術……這不止新垣平反復思量過，即便懷疑那些格鬥術、縱身術的我，也產生過許多強烈而懵懂的好奇和憧憬。新垣平探解其中的弔詭和神秘，卻沒因襲金庸原著渲染那一劍一刀的玄幻，而是努力沿著明教淵源、發展和覆滅，揭示當時也許存在過的歷史。

　　明教是源於波斯的舶來品，為了宣揚摩尼教義、進行世界革命，被帶入中國。當時中國經歷著百十年的分裂，統治者擔心新教蠱惑民心、顛覆政權，一直對其封殺、禁止，不容許新來的外教和已有的儒釋道分割地域和信徒。但在宋、金、元三國博弈的空隙裏，明教獲取了喘息的機遇。

　　蒙元勢力敲碎了完顏氏金政權，打出了橫跨歐亞大陸的萬里汗國，自然不會放過偏安江南的趙宋政府。不論武術大師郭靖們有何等的奇功神拳，不管那些身懷絕技漢家俠客如何的精明能幹，蒙古人的騎術、劍術及引進的馬可·波羅投石器，還是攻破了不願臣服於異族帝國的江湖。不堪戰火焚燒、鐵蹄踐踏和民族歧視的民眾，如商賈、歌姬、鏢師、戲子、流民、乞丐、僧尼、盜賊和在科舉仕途無望的小知識分子，掙扎著尋找出路，尋找保護，尋找聊以生存又進行反抗的平台。他們投靠少林、武當等，但這些不願與政府發生正面衝突的有限責任公司，拒絕了他們，把他們拒絕到只能依附魔教。當明教漸成規模，成組建大型集團時，武林正派趕緊強強聯手，主動為政府出面剪除異己群體。

　　明教並沒有躲過朝廷的鎮壓，他們落荒而逃，龜縮在海拔數千米的崑崙雪域。鄰居崑崙派表示不歡迎，借著政府軍圍攻的機會不時進行打壓。終有一天，吃過不少苦、髮妻死於逃難途中的陽頂天，幾經雀躍和努力，成為了光明頂的董事長，分封左右使、四法王、五散人，做助手，當幹將，為顧問，推行五行旗軍事編制，把抗元大業經營得風生水起。他製造了多起影響較大的起義暴動，擊敗了少林三大神僧的合力圍攻，讓江湖第一高手張三豐也慕名景仰。但，一個情字，將這個很有心計和魄力的領導者，喪命在新婚妻子偷情的現場。

　　教主夫人羞愧自刎，情夫成昆卻不甘心。他誘姦了人家的老婆，還把罪惡歸咎給受害者家庭。他偏執地展開報復計劃，先是奸殺徒弟媳婦、家人，迫使明教法王謝遜瘋狂殺人栽贓；再是拜在高僧空見門下，挑起少林與明教的血海深仇；然後委身於汝陽王府，替元廷攻伐明教出謀劃策……成昆是這場腥風血雨的武林爭鬥的操盤者，不僅絞盡心思地製造矛盾事端，還遣派徒弟陳友諒挾持丐幫助紂為虐。他們成為了表面上的丑角。透過這些，倚天劍、屠龍刀的威力，武功第一、江湖總裁的尊榮，一統天下的黃金威權，潛在誘惑著武林正派、江湖魔教和朝廷勢力，紛紛插足，爭奪最後的勝利。奸險的成、陳師徒（也許是父子），只不過是連絡人、代理人和經銷商的角色，他們的穿針引線，編織出一幅醜惡成精彩、陰鷙變真誠的華美錦緞。

　　少林、武當之流，貌似正義的代表。他們把明教視作邪惡，考慮著趕盡殺絕，或收服旗下，以更快的速度奪取那一劍一刀及其秘密。而在內部，權力紛爭，不顧同住屋簷下的情感。三位渡字神僧，是少林的實際掌權者，他們計劃將空見培植成接班人，但成昆的誘引、謝遜的出現，使空見疏忽而逝，成就了空聞三友的僥倖接掌少林。與其說成昆是得力於少林撐腰，不如說是充分利用三渡的信任和機心。不然，單就一個圓真晚輩，斷然不敢挾持空聞方丈迎戰明教教眾。張三豐是武當的創始人和決策者，有主意遴選接班人，當首徒宋遠橋意識到另有競爭者時，即刻有了排擠行動。宋某對張翠山的突然歸來，表示十分的冷漠；對於張無忌的死而復活，更是非常的憎恨。他想成為武當主人，也讓兒子平穩接班，遺憾的是第三代明星宋青山沉迷女色，不但與半老徐娘丁敏君勾搭，又死心塌地

地追求心有所屬的周芷若，還為了趙敏回眸一笑而對祖師爺、同門人痛下殺手。

被正派人士妖魔化的明教，堅持不懈地對抗蒙元政權，但陽頂天的秘密失蹤，留下了一個分裂、鬥爭甚至大打出手的爛攤子。他們為了教主寶座，挖空心神，不計手段：沒落書生楊逍苦力爭取，護法殷天正組織天鷹教，五散人另建彌勒宗，蝠王韋一笑接位無影後遁跡西域……這樣的分割與傾軋，將粗具規模的光明機構、明尊聖火，玩弄得實力漸失。在六派圍攻光明頂的危險時刻，若非託名曾阿牛的張無忌臨時出場，打理了許多年的明教基業，有可能會被徹底覆滅殆盡。

小人物張無忌成了魔教的董事長，和總經理楊逍一起重整光明偉業，也表面統一了其他分支。他們通過一系列抗元活動，得到了名門正派的和解與重新認識。然而，這個武術奇才，卻是一個天生的多情種和甩手掌櫃。他輾轉在與朱九真、殷離、周芷若、小昭和趙敏的多角戀情感糾紛中，還被史家考證出曾與殷離同居、與小昭有性關係，甚至逼姦元朝郡主趙敏。情欲強烈的他，屬於典型的權力白癡，最終被朱元璋用心地葬送在汪洋大海中，與韓林兒做了黃泉路上的難兄難弟。之前他同多個美女展開了戀愛，但始終追求著一夫一妻的現代理想，沒有掉進三妻四妾的宗法制婚姻中，甚至容許漂亮女人大呼小叫而不需堅守奇怪的綱常秩序，這是他的可愛和懦弱，溫柔和感傷。假如他將這些女子或者更多都娶進來，那麼他也會要爭權奪利，不留給朱元璋任何機會。許是金庸有過這樣的逆向考慮，想看看糾纏在多個老婆之間的男人，是否迷戀名利場，故寫出了鹿鼎公和七個女人的故事。但是，韋小寶事先在仕途上賺足

了本錢，還得到了母親一處妓院遺產，而張無忌呢，除了所謂的蓋世武功，就是赤裸裸的愛，或者只有死。

新垣平的解說，在許多關鍵情節上，顛覆了金庸的理想。他不但沒有讓張無忌和趙敏在冰火島上做悲情鴛鴦，而且使趙敏迫於形勢嫁給朱元璋的兒子，最後成為淒慘的殉葬品。他把趙敏寫成權力欲望者，沒有做成元順帝妃子而不甘心，便選擇了魔教頭子當元朝廷的掘墓人。這樣看來，張、趙之間，沒有男才女貌、男歡女愛的癡情，更多的是利用、欲望和佔有。同時，他將小昭寫成范遙誘姦黛綺絲後的成果，將張翠山的死歸為張三豐的自保，將楊逍寫成到處留情的採花賊，把謝遜皈依佛門視作三渡與三空的較量結局，讓朱元璋等奪取五行旗後脅迫明教英雄悲劇地自滅……十分荒誕，匪夷所思，又不失情趣，也有些道理。

新垣平結合諸多學者、史家的發現、考證和研究，以及自己符合情理的推斷，揭秘金庸武俠小說世界裏的很多情景與背後，有時間、有地點、有人證地指出武林各派的崛起、改革同發展，吸引讀者有興趣地突出金庸武俠系列的層層重圍，發現明教的慘澹經營與急劇迷失，感受當時武林紛爭的暴力、血腥、陰謀和情愛，洞察朱明王朝與明教有著不少連繫的真相……說不盡、道不清的歷史隱秘，讓我們都情不自禁地想一窺究竟，或作林林總總鍾情、歡欣和期待式的構思。新垣平用獨特而出彩的敘述方式，詮釋、延伸金庸小說，並大量採用西方翻譯式的言語，使用許多富於當代生活現場感的詞彙，給了我們一個嶄新、清新的「倚天屠龍」圖景，以及一部有著幾分真實和情理的《劍橋倚天屠龍史》。

（原載《新民週刊》2011 年 6 月 20 日）

蔣友柏：向下一個懸崖挑戰

　　帥哥蔣友柏自 1976 年出生伊始，便有了曾祖留下的名字與顯赫的家世，成為了一個非常的品牌和經受磨礪的奮鬥者。他作為蔣介石曾孫、蔣經國次孫，沒有如先輩一般，走上爭取威名、把玩權力的政治道路，卻以獨特的行為方式和人生理念，一次次創造出了讓人稱好、使人感歎的風采。對於其先祖的是非功過，歷史慢慢開始予以公正中肯的評價，如肯定蔣介石在正面抗戰、維護統一上的努力，讚賞蔣經國在解嚴與開放黨禁、報禁及大陸探親方面的嘗試。蔣友柏與先人有著不可割斷的血緣關係，然深受乃父蔣孝勇從商的操守感染，果敢地遠離政治地帶，成為了周為筠精心描述的、有著不少開創精神的《懸崖邊的貴族》（江蘇人民出版社 2010 年 5 月版）。

　　綜觀蔣友柏的成長史，我們不難看到「蔣家王朝的另一種表達」，又能感知蔣介石逝後台灣 30 餘年的命運與變遷。蔣友柏來到變化莫測的世間時，以一種清新的喜氣，沖淡了家族蒼涼與感傷的氛圍，帶來了說不盡的歡欣、溫柔和慰藉。他經歷了祖父日見開明、慘澹經營的榮耀生活，分享了父親無奈出走的顛沛流離。他在書本和圖冊中感受過第一家庭的燦爛陽光，也於後來不斷邂逅嚴重「去蔣化」的迷離陰雨。但，悄悄成長、漸漸成熟的他，棄置了特權的拐杖，在時代大書上，書寫了一章璀璨奪目的蔣家另類春秋。他遵從父訓不碰政治、進軍商場，早年考入紐約大學資訊管理專業，後

在史頓商學院主修財經、帕森設計學院專攻設計管理，19 歲便在馬來西亞的房地產生意中賺進首股佣金 160 萬美元，於 2003 年 7 月與其弟蔣友常創立了橙果設計公司，為各大企業提供解決方案與產品設計。

周為筠帶著對同齡人的敬佩和羨慕，採用平實曉暢的語言描述遠離政治、在商言商的蔣友柏，寫他衝破權貴後代的蔭庇做新時期蔣家第一代的振奮，寫其經歷激蕩歲月清醒崛起的特立獨行，寫其有明星的俊采卻不給娛樂江湖編造八卦笑料的機會，寫其在低調生活中對時局歷史頻繁發出驚世之論的勇氣，寫他敢於批評連戰「輸了後耍賴胡鬧」而不懼國民黨政要斥責為「簡直大逆不道」……周氏熟稔中國現代史的跌宕起伏，時刻關注當代台灣的流變風雲，為反映政治強人後代的真實生活，他堅持了冷靜審慎的史家態度，除多次採訪傳主本人及其身邊的員工外，還獨立閱讀了大量的文化、經濟、政治等資料，在一個開放清明的姿態、一串理趣盎然的文字中，鮮活地表現了蔣友柏的榮辱苦樂與瀟灑從容。

今天的蔣友柏，創辦了令國際同行讚歎的設計公司與商業模式，成為了新近幾年台灣設計界談論率最高的對象。他平常一身黑框眼鏡、連帽 T 恤、防水背心的裝扮，上午 9 點上班，同員工認真討論某一產品的設計方案，並不斷衝破民族陋見、超越傳統偽飾。他總給人精力充沛的印象，即便昨夜與華爾街金融市場瘋狂鏖戰，他都是一杯溫開水，從不用咖啡與濃茶來提神，有些其曾祖的遺傳。

蔣友柏是媒體廣泛關注的寵兒，一以貫之地以坦誠面目應對大大小小長長短短的鏡頭，承認是一個不折不扣的商人，甚至公開妻子稱其「奸商」的玩笑話。他一手從事「副業」工業設計，一手參與「主業」金融投資，運營著設計領域「以名帶利」的操作原理，

又清楚越不出名越賺得多的投資奧秘。貌似矛盾的二業經營，被他演繹成了同生共榮，相得益彰。

他出身高貴，但他做事創業，一直堅持著平常心態與開闊眼界。創立橙果工作室之初，他為西門町球鞋店裝潢門店，聲明如東家不喜歡可以不收錢。如此能夠彎腰的老闆風度，是需品質保證的。他讓客戶滿意了、員工信服了，也慢慢地有了更多的經營策略與客戶。幾年奮鬥，十分辛勞，他成功地設計了捷安特、雷諾賽車和摩托羅拉等一系列產品類型，其中許多商品一進入市場便被一掃而空。「蔣友柏」這個名字，如今變成了設計產品頻頻出彩、營業額年年暴增的商業品牌。而在金融投資方面，許多人投資石油與黃金，蔣友柏堅決不玩期貨、不玩回收期太長的生物科技、不玩起伏超過 30%的網路公司，清醒地保持理性與明智。

走在商旅上，雖不可避免地與風險與尷尬不期而遇，也不時遭受政壇角落放射的明槍暗箭，然蔣友柏有自己的商業操守和準則。他沒有因為陳水扁曾瘋狂地拆遷蔣介石銅像而乘其垮台窮追猛打，也沒有由於吳祥輝具有強烈的批蔣色彩而拒絕為之設計作品的機會。他不會用「蔣」姓去接生意，也不因姓「蔣」而將生意往外推。但是，他始終沒有忘記當初隨父母移民加拿大時，曾祖母宋美齡的忠告：不要忘記了姓蔣，不要忘記了是中國人。雖時過境遷，人不其待，他帶著一個公正的立場，看待這些歷史人物，同時也期待人們能以一個公正的姿態，重新評價在中國現代史上極具傳奇色彩的蔣介石、蔣經國父子。蔣友柏這些的認識與理解，是需要很大勇氣。

蔣友柏在商戰中一步步走向成功，用另一種形式和聲響，改寫了蔣家的胸襟與風範。他長有一張招搖的明星臉，屢屢引發娛樂圈、媒體界激烈興致，連連吸引成群結隊的粉絲產生各種各樣的期待、

憧憬、鍾情和戀愛。他榮膺了台灣過癮男人、女生最想擁抱的男人、30 歲以上女性最想談戀愛的對象、職場上最具代表性的型男等諸多民意殊榮，打敗了金城武、周杰倫、蘇有朋、馬英九等藝壇巨星、政界高官。然而，不論有多少女星把他當作性幻想者，也不論風騷的小 S 怎樣在節目中挑逗，可愛的小蔣先生仍是不解風情，只樂意每天下午 2 點回家，一邊給孩子餵奶瓶、洗尿片，一邊呵護摯愛的妻子林姮怡。當初與林姮怡在一次舞會上邂逅，安靜賢淑的秀雅女子，攝取了蔣友柏愛美之心神，他開始了長時間地真誠追求，追到了林氏拍戲的新加坡街頭，追成了讓岳父母喜歡上了「腐化的最後貴族」，最後追進了婚前婚後不變化的好男人行列。他從相知相愛的父母那裏，得到了情感的真傳。這樣溫暖人心的真風采、真品性，值得時下有了幾個零花錢便招二奶、包小三的富大爺、二代們，好好讀讀，看是否也會赧顏心虛。

　　早已成為平常人家的蔣友柏，自從美國學成歸來，身上不再有政治貴族的花冠與尊榮，需要從新創業、從零開始。自小受父親言傳身教的他，頻頻遭遇不幸，少小時祖父辭世後家族開始敗落，接連是兩位伯父病患絕症而逝，剛過弱冠時父親罹病食道癌晚期，但他還是勇敢地站立起來了。他帶著童年的夢想與自信，成為了世人學習的榜樣；他在險惡的環境中打造出了新品牌，讓人唏噓不已；他給岳母一年後養起一個家的承諾，沒有食言；他在絕望中找到希望，成為了設計界新銳的領路人；他在合作者離去、公司元氣大傷時，除了執行「大拇指策略」盤活經營外，在世俗的眼光中給人下跪以便重新圖強；他把橙果落戶上海，讓期望看其失敗的人失望了，使自己獨具精彩的「勇士者王」論充滿了希望。他是蔣氏後人，躲不開政治侵擾，然一直堅守著不藍不綠的立場，出人意料地贊成一

定程度的「去蔣化」，並以自己從美國學來的民主觀，進一步延續、優化其祖推行民主的胸懷。

年輕的蔣友柏，雖然只是一名不問政治時事的商人，但始終堅持著獨立思辨與超俗方式，勇敢地直面歷史和現實。他把人生視為懸崖哲學，時刻在製造懸崖上的風景時，又毅然接受來自懸崖下的誘惑和恐懼的挑戰。有一些可愛的行為，令人匪夷所思，例如將蔣介石、蔣經國形象身著超人裝，進行搞笑有趣的卡通化，印製在明信片、T恤衫等紀念品上，打出「蔣氏超人」的旗號，但細細品味，不難發現，他不但是為了讓烜威赫赫的先祖人化，回歸人間，而且要使更多的歷史學者、普通大眾理解傳奇人物的平凡與實在。

周為筠在真實表現蔣友柏的同時，較為準確地給蔣介石、蔣經國尤其是蔣孝勇等歷史人物，進行了不失公允的評價與鑒定，並對蔣家第四代子女松柏長青、梅蘭竹菊集體由軍政拓展到藝術、教育、金融與商業的復興，均有敘述。他們每一個人都是一個生命個體，實事求是地為他們定位，是引領我們重溫或認識蔣氏家族史乃至台灣變遷史的最佳途徑。他採用了一種恪守客觀、尊重歷史、直面現實的思考方式，較好地依據真實的事例，冷靜地豐滿蔣友柏形象，突出其站在懸崖邊擁抱勝景、接受現實而無懼危險艱辛的人生哲學，流利的文字中，雖有不少發自內心的評贊，卻無絲毫無根的虛語妄言。即便對於性情中傳主蔣友柏，也不迴避其少小淘氣沒少挨嚴父敲打的舊事，同時也潛在地展示了現代文明與中華民族的嬗變和融合。

2006年12月，在台灣各大書店出現由蔣友柏、蔣友常兄弟口述的《懸崖上的貴族》，旨在為紀念其父。而周為筠借用同題，集中寫蔣友柏為理想不斷追求的年輕人生，並期冀他在將來的日子，

更好地追尋商業勝境與民族融合。其在治史行知中尋求世界真理與時代真諦的還原，雖是為現實人物尤其是歷史強人的後代撰寫印象記或評傳，依然實事求是地揭示著傳主的優秀、可愛、勇敢和缺失。他擷取蔣友柏張力十足且真實可信的人生故事和處事方式，不臆測，不編造，不漫畫，不美化，不醜化，不神化，在《懸崖邊的貴族——蔣友柏：蔣家王朝的另一種表達》，向讀者平靜地展示蔣氏優雅魅力和青春風采，同時，也激發了人們對蔣家後人走出陰影、跨越海峽的關注與期待。

（原載《中國圖書商報》2010 年 5 月 18 日）

不被遺忘的精神

　　如今走進圖書城，會有一種日益不景氣的感覺，儱人心神。但，無論到了什麼時期，圖書都是一個生活必需品，是人們不能離開的精神食糧的主要載體。雖然電腦、手機、閱讀器等的出現，打破了紙質書一統天下的市場，電子書閱讀將成為今後閱讀消費的主體消費模式，數位出版是未來出版發展的趨勢；基於電子墨水顯示技術的專用電子書閱讀器 Kindle，更具有著紙質書的閱讀感覺，擁有了無線上網、個人圖書館功能、聽讀、瀏覽圖像等功能；在美國，已出現亞馬遜的自助出版工具 Kindle Direct Publishing，任何人只要將 Word、TXT 或者 HTML 檔上傳，標明作者、編輯、目錄等基本資訊，就可以在 10 分鐘內出版一本電子書。然而，變化的只是一種閱讀形式，而不是基本內容。即便人人都成了編輯者、出版者，但那優秀的出版家們，仍將是保證品質且不能遺忘或淡化的風向標。

　　今天的紙裝出版，正走在瓶頸之中，讓許多出版社（出版公司）、圖書編輯感到了前所未有的恐慌與困惑。怎麼辦？很多自恃不少資源的編輯幹將，紛紛出逃，或帶著僥倖心理做短平快的協作圖書，或挖空心思地尋找新路，沒有多少人能像俞曉群一樣，去思考張元濟、王雲五、葉聖陶們如何撐起 20 世紀中國出版的堅定，洞察商務印書館、中華書局、開明書店、文化生活出版社和三聯書店等的成功。這些從張元濟到陳原的出版《前輩》（上海書店出版社

2011 年 8 月版），在內憂外患的狹縫裏，艱難地將出版做大做強，最終燎原了新中國成立後 60 餘年的輝煌和榮光。

單研究這些大家，已有不少長篇大著，如反映鄒韜奮的著作已有數十種。俞曉群寫這 11 位有思想、有抱負的宿賢，雖都只兩三千字，卻把他們從業出版的堅持和選擇，認真和無畏，睿智和艱辛，都作了恰到好處且要言不煩的表現。俞原是應約寫作，但未因日常工作繁忙、瑣碎，而因襲前人、敷衍了事，更仔細研讀前輩們的全集、文存、研究文集，瞭解他們的生活趣事，追憶自己同他們的思想對接，把他們最精彩、最執著和最容易感動人的一面，真實地進行敘述和評判。

清末進士、翰林院庶起士出身的張元濟，早年進入商務印書館，積極策劃本土新書、教材，或請人編譯外版書，開啟了他介紹西方學術的偉業。今日商務版西方學術名著系列，可謂國內一面光彩熠熠的大纛，無疑是肇源和得益於張的仁懷和遠見。他為了推出此類純學術著作，敢於犧牲商業利益，遷就高校名家，甚至在自己不拿厚酬的情勢下，高薪延請酈富灼、陳獨秀、王雲五來館工作，聚集了陳雲、郭沫若、黃炎培、馬敘倫等「跨時代的才俊」，還培育了三位總理級的人物。張是一個敢創天下之先的勇者。我們今日仍在使用的《詞源》、《四部叢刊》、《百衲本二十四史》等，均賴其編撰、編印的襄贊之功。

大作家葉聖陶自謙編輯為第一職業，而其編輯工作為讀者奉獻了許多好書、好雜誌，更為中國文壇發現了巴金、丁玲、施蟄存、戴望舒等著名作家。俞曉群不但精要凸顯了葉對出版事業的熱愛，且將其在 60 年編輯工作之餘，寫出優秀的小說、精彩的童話，作了簡析。他對葉窮盡一生編寫、編輯教育類圖書，表達了由衷的敬意，

更感歎其健筆生花，敏捷出彩，讓朱自清歆羨的佳話。葉是讓他「親近一生的文化老人」。那一冊不厚的《葉聖陶童話選》，曾讓他兄妹幾個不約而同地在封面上寫下自己的姓名和學號，更在後來發現他的兒子，也把自己的姓名和學號，工工整整地寫在了上面。

被俞曉群視為「文化理想主義的出版典範」的巴金，主持文化生活出版社長達 14 年之久，他一直堅持出版嚴肅的文藝著作，在吸收名家加盟的同時側重發現和培養新人處女作，打破門派、地域、潮流等限制地向五湖四海遴選作者……他不從出版社拿取分文報酬，卻積極策劃、組稿了一系列有影響力的文學叢書叢刊，出版了茅盾、鄭振鐸、沈從文、張天翼等名家的新作，更使艾蕪、曹禺、卞之琳、臧克家等一大批新人嶄露頭角。魯迅不但把自己的《故事新編》交給了他，而且為他組來了蕭軍的書稿。蕭乾後來回憶，該社「永遠是一顆明星，一個五四以來辦得最成功、影響最大、推出作家最多的同人出版社」。

張中行是建國後從教育單位轉行到出版社的編輯家。他的出版人生，險些被他自 1980 年代發力寫出的諸多文章盛名所掩映。俞曉群從張獨特的文體、風格出發，感歎於他編輯認真、致力殷勤的編輯作風，感受到其句子短、語言白且不喜用成語、詩詞、名言、空話、套話的自然曉暢，感知了葉聖陶掌管人民教育出版社時審稿極嚴，卻對張的稿子「不看照發」的背後魅力。

俞曉群對於前輩們的編輯學識、出版風采，是懷著一種崇敬而理性的心性來景仰的。鄒韜奮為了自由出版不懼威權的精神，胡愈之從練習生成長為開國出版總署署長的傳奇，呂叔湘在 20 封書信中傾談對《讀書》的關注，以及編輯型學者周振甫對毛澤東詩詞錯字的糾誤、紅色出版家陳翰伯十餘本文稿被友人無崇付之一炬的遺

憾、出版通才陳原讀字典對抗姚文元批判的堅忍……都被俞寫出了
耐人尋味的韻致。

　　就是對王雲五的描述,俞曉群未因其備受褒貶爭議,而放棄讚
賞其有功於中國現代出版的歷史真實。王得力於學生胡適的舉薦,
進入商務印書館,著實為出版作了貢獻。然而,有人說他辭去編譯
所長一職,是為了稿費而與恩人張元濟爭執,或因編輯《百科全書》
未果、出版「萬有文庫」文庫造成擠壓,或是推行科學管理法獲罪
全館職工……他治下的商務印書館,被日軍司令視為中國最重要的
文化機構,被強制參加「五聯出版公司」,成為了時已逃至重慶的
王一生中最大的、「他汙」的污點,令人歎惋。

　　不論怎樣,從張元濟、王雲五到陳原的現當代中國標誌性的出
版家,都是我們今天做好出版、服務讀者的典範和榜樣,是不能被
我們遺忘的文化傳統。那一種堅毅的精神、清醒的沉思,以及癡迷
於人文夢想的熱度和高度,一直激勵著他們,哪怕遭受不可想像的
經濟困擾、政治厄運、疾病折磨,也都在掙扎而智慧地策劃好選題,
做出好書刊,為中國出版史、文化史和思想史,提供了豐富、複雜
又多元的內容。他們沒有生發迷離和茫然,感傷和蒼涼,而是堅忍
地成為了後來人不得不仰望的偉岸群體。他們大多不是科班出身,
沒有耀眼的學位證書護體,更沒有誰系統學習過編輯出版理論,但
為何又能留給我們許多經典、耐讀又能流傳久遠的著作呢?這些,
我們或許能從俞曉群寫在《前輩》裏的出版前輩,以及他還未及寫
到的夏瑞芳、陸費逵、姜椿芳、范用等那裏,認識到一些電子出版
物時代不能替代也離不開的東西。

(原載《新民週刊》2011 年 12 月 26 日)

范用的書之旅

2005年底，我初到嶽麓書社上班。不久，社長丁雙平調任湖南教育出版社掌門，臨行前，他送我一冊小書，並說：范用是一位出版大家。書是《泥土·腳印》（續編），開本不大，也不很厚，讓我粗略瞭解到作者范用是什麼人。後來，我慢慢關注范用及其長期呵護的三聯書店，知道了生活、讀書、新知的真實涵義。雖然范用的文字敘述有些瑣碎、平實，但我還是喜歡他的努力、認真、真誠和闊達，看關於他的文字與思想，讀他寫過的著述和做出的封面。

前不久，讀俞曉群的《前輩》，名家張元濟、王雲五、陳翰伯和陳原等從業出版的精神、思想和行為，使我歆慕、欽敬和進一步熟悉。讓我遺憾的是，他少寫了夏瑞芳、陸費逵和姜椿芳，漏掉了與三聯書店一直親近的徐伯昕、黃洛峰與范用。這些出版前輩，都是值得我們去反映和表現、思考和追憶的。

汪家明將范用做出版、憶書人和談讀書的部分文字，編成《相約在書店》（廣西師範大學出版社2011年8月版），方便我們瞭解和理解那個瘦小老頭的性格、行動、喜好、交際與生活。我們似可將其納入自述的範疇。我想，已辭世一年有餘的范用，在天堂許是慰藉和感歎，感歎他堅守出版、傳播文化、普適文明的做法、選擇與經驗，對於接近電子出版物時代的我們，仍有不少引導、勸誡、驚醒和裨益。

　　范用生於小商人家庭，逢慈父早逝、日寇侵華，不得不在初中輟學。經所投奔的舅公介紹，他被黃洛峰接受，進入讀書生活出版社做練習生跑印刷廠。原想求得一謀生度日的差事，而其自小喜歡讀書、讀雜誌的習慣，激發他認真而艱難地成為了革命出版人士。他年紀輕輕經理出版分社，後輾轉任職中共中央宣傳部出版委、中央出版總署出版局、新華書店總管理處等單位，1959 年起先後擔綱人民出版社副社長和生活・讀書・新知三聯書店總經理，將鄒韜奮的出版精神和思想，一步步地發揚光大，帶領三聯書店至今日已成中國出版界的翹楚，推動《讀書》和《三聯生活週刊》豎起中國文化界的兩面旗幟，在改革開放初期聯袂諸多思想者吹響「讀書無禁區」的號角，振奮了備受壓抑而苦痛掙扎的知識分子。

　　也許不是家難國仇的逼迫，范用不會提前進入書業磨練；然國仇家難的存在，卻使他快速成長和成熟，成熟為被壓以重擔而不負眾望的好手。這與其愛逛書店，長時間在書店看書，節省零花錢買雜誌，不無關聯，但不具多少必然性，這個偶然，為中國現當代出版事業鍛煉出了一個領軍人物。

　　《相約在書店》輯為三卷，凡 62 篇，大致凸顯了范用從事書業的發展軌跡和心路歷程。雖非先後銜接，卻彼此連繫，向我們展現了一個了不起的出版人生。

　　他小小年紀，不愛在自家店裏聽算盤聲、討價聲，討厭姑娘們買雙洋襪時的尖聲尖氣，卻不時跑進對門的小印刷鋪，看那神奇的印刷機，將一張張白紙吃進去，吐出一張張滿是文字的書頁。印刷工不許他上圓盤上調弄油墨，他就買來水彩顏料大調特調，到處塗鴉；排字工厭煩揀不完的機械工作，他卻撿起地上的鉛字、花邊，視為樂趣。他讀茅盾小說《少年印刷工》，就夢想著去做印刷徒工。

　　印刷徒工沒做成，他最後成了出版家。他用一生去為書籍奔波忙碌。他忘不了在學校裏辦《大家看》油印報，忘不了書店裏與其方便的大哥哥，忘不了在國統區給延安毛主席買書的艱險和歡欣，忘不了漫畫家葉淺予、華君武、方成、韓羽們不定期地贈書贈畫，當然，更忘不了出版《傅雷家書》的前前後後。

　　傅雷在解放前，不斷地用精彩的文字，為國內讀者迻譯西方文學經典，但在建國後特殊意識形態下，被劃為「右派」。由於好心人石西民的關顧，傅雷偷得機會和身在海外同樣蒙受惡名的兒子傅聰經常通信，談藝術、文學、思想、生活瑣事和青年人的理想，談「國家的榮辱、藝術的尊嚴」。傅聰在海外學習，又擔心歸國後像父親一般受辱，結果被人視為「叛國」。范用為了將書信集結成書，介紹給廣大讀者，讓天下父母子女去感知親情真愛的艱難和激烈，四處奔走，上下爭取，力排眾阻，終於使之於 1983 年面世，一再重印。這部發行量超百萬的暢銷書，之所以暢銷，包含了范用作為出版家的膽識和正義、清醒和堅定。他還冒著虧本賠錢的風險，主編了皇皇大書《傅雷譯文集》和《傅雷全集》。

　　范用為書籍的一生中，同許多前輩真誠交往，為不少新人認真服務，和他們成了莫逆，贏得了大家的信任、尊重、友好和敬意。李一氓請他作為回憶錄的第一讀者，田家英常請他至中南海辦公室看私人藏書，胡愈之將他列為出版界優秀代表推薦給毛澤東，巴金對他設計的《隨想錄》封面甚為滿意……他那三聯書店「520」辦公室，成了文化宿賢們相逢的據點：卞之琳去東四郵局寄信，偷空來這裏抽支煙；袁水拍「文革」時靠邊站，有時來坐坐；啟功不懼年高而吃力登高，送來一書一畫；丁聰在家裏迫於夫人下達的節食瘦身計劃，只好來這裏，尋找他把東四一帶的小館子，幾乎吃遍。郁

風說她平生最得意的,是個子長得比稱「老婆是自己的好,文章是老婆的好」的黃苗子高,是否也在這對著洗手間的雅室裏說過,不得而知。

范用對書近乎癡迷,愛出好書,喜動手操作,當編輯,做裝幀,憶頂著壓力編關於蔣介石的全集、傳記,評卞之琳、葉靈鳳、鐘芳玲、吳興文的新書,把淘書友們買書餘興編成好玩、耐讀的瑣記。我喜歡他堅持且在三聯宣導的裝幀風格:簡約而凝重,精緻而大氣,淡雅而迷人。他自稱「葉雨」,但設計的書衣卻不業餘,讓素顏的書影成為了一種簡單和美麗,積聚了一份魅力與傳奇。無論是書影、扉頁,還是目錄頁、正文版式,大多是新穎獨特的創意,簡潔明快的畫面,深刻豐富的內涵,似乎過於簡單沒有多少技巧,卻如同一股清新之風,舒服人眼,愜意人心。這一以貫之、持之以恆地做成的風格,遠勝於色彩花哨繁雜、文字錯亂堆積、內頁胡亂裝飾、形式瞬息多變的速食書。當下社會生產急速發展,人們在錯綜紛繁、複雜多變的工作、學習中,弄得不堪重負。他們尋找解脫,需要簡單輕鬆地安排休閒,簡簡單單,輕輕鬆鬆,又是一個很好的解壓、釋負方式。

范用在《葉雨書衣》自序中說,有一朋友,遇到不少內容好的圖書,只因裝幀不好,不買。這使我聯想到,圖書作為知識傳播、精神享受的重要載體,不論紙張、廣播、影視,網路、手機、電子閱讀器等介質如何登場博弈,內容的定位和選擇、思想和堅持、市場和創新,都需要緊貼社會,緊貼時代,緊貼離不開文化與文明的廣大讀者。范用的成熟和成功,留在了我們的記憶與內心深處,而他窮盡一生走在書之旅途中的文字、精神、思想與情趣,能否長久地影響新時期的出版人、編輯者、傳播者、創作者和閱讀者呢?這

需要我們去思考、追索和傳承，就像傳遞《相約在書店》裏的風景一樣，坦誠，清醒，開闊。這些，只是范用在人生泥土上，留下的文化腳印；而我們的泥土上，是否也存在另一行腳印？

（原載《南方日報》2012 年 1 月 8 日）

與那些好書不期而遇

　　六年前的那一次情感變故，使我經歷了一定程度的失落和孤獨，也在無形中助長了我奔走於舊書攤、新書店的興致。近似瘋狂的書中事，充滿著通俗的雅興，帶給了我些許滿足、慰藉和思想激進。每每歸家途中，我手中都會拿著幾本新書，或拎一袋舊籍。原來打算預留給悲傷和蒼涼的時間，就被這些新歡擠佔了。當然，這裏難免有些「書中自有顏如玉」的意味，而莫由追悔，無可奈何。

　　沒想到，在傅月庵《我書》（海豚出版社 2010 年 10 月版）的第一篇中，我看到了「女友分手離開」的字樣，似乎有了某種意義上的感觸。他那滿頭捲髮飄逸、笑臉燦爛如花的女友，只能成為其對二十多年前的幾點回憶。他如今該早已陪伴了使之情感濃厚的伴侶。這些年來，他與新書舊籍締結情緣的點點滴滴，同樣在他心裏，也讓我同感，舊愛新歡兩不忘。忘不了的，也自然是那些相伴難離的書，以及與書相關的人和事。

　　傅月庵記錄自己愛書、讀書的瑣事，敘述同作家、學者的面對面交談、書信交流，或由閱讀而展開對作者的遙思與理解。真誠的情思，切身的感受，在《我書》的 21 篇主體文章中，展現著一個讀書人對書的擇取，對人的尊重和憐惜，還夾雜著對特殊時世的意識形態的憤懣與抗議。

　　他原是一名土木科畢業的工科生，服完預官役後，帶著與日不減的歷史興趣，報考台灣大學歷史系。準備考試時，他一邊兼職補

習班的導師，一邊熱心看閒書和權力意志以外的雜誌。一年過去，這位寫過《魯迅與阿Q正傳》與《陳獨秀與新文化運動》的文學愛好者，卻因作文不及格，差了一點五分，名落孫山。

而命運之神依然是眷顧他的。他一次回家在樓梯間，無意中踢到一張報紙，看到了「政大招收轉學生」的公告——這個機緣，使他成為了政治大學歷史系的學生，成為了看書打球、四季吃火鍋的翹課生。平日裏的廣泛涉獵，使他受益而最終如願進入台大史研所，可以經常「會一會台灣最好的史學人才」。遺憾的是，韓國室友的猝然而逝，親愛女友的離情而別，他沒有讀完便離開學校，正式開始了在書路上的長期的疾走漫步，並不時產生了充滿歡欣、驚喜和期待的緣分與情意。

傅月庵有過 15 年的編輯生涯，擔任過總編輯。他喜歡去舊書店，很是殷勤。他是一個為新書「接生」的高手，又欣然給散落在角落裏的好書安置一個生命落腳處。他談著賣著新書，想著念著舊書，對舊書有了很多不能自禁的戀愛、鍾情和憧憬……他在主持的遠流博識網上建起了舊書社群，忙碌著跳蚤書市、珍品拍賣會，品鑒各種各樣的舊書店、二手書店的裝潢和展示，與人交流古本、善本與訪書、淘書的心得，又收穫了不少喜愛之書和有趣的書事。

慢慢地，他就連在睡夢中，也常是逛舊書店，與好書不期而遇。久而久之，夢書的次數，遠比夢見親朋多。在夢幻舊書店一號，他找到了一本魯迅、周作人兄弟編選的《域外小說選》。在夢幻舊書店二號，他曾見到一本宋本張岱《陶庵夢憶》。他知道張氏為明人，可能有仿宋本，卻不會有宋本存在。而在夢酣幸福時，卻遽然夢醒，不無哀傷，他沒有拿到那本好書，甚至連和商家的辯論還沒分出明

白。因書而夢，夢的是白日所思、平時所記，足以看出其愛書的癡迷與激烈。

傅月庵談書，大多連同作家一起評說。他沒有把從網路發跡的安妮寶貝，看成人們愛閒談並加上不少能刺激感官的修飾語的美女作家，而是平靜而理性地悅讀她作品中的感性和出色。在他眼裏，安妮如同一位鄰家女孩，親切，堅毅，懂得內省，有一種獨特的氣質存在，故不隨著網路泡沫的幻滅而被湮沒。他將劉震雲在題材上的選擇取向，稱讚為一種驚險而精彩的衝浪，從小河到大海，無懼風浪，粗線條地勾勒出其之所以成功的漫長歷程。他由劉震雲的《一句頂一萬句》，聯想到林彪吹捧毛澤東思想「一句頂一萬句」，又感歎林氏的「一句也不照辦」，從而意會到知心者之間與講不上話者之間，在豪言壯語上截然不同的具體表現。

隨著傅氏讀不同作家、學者的感悟，我從中獲悉或重溫了許多雖已遠去而又有趣的訊息。畢飛宇以一部《推拿》，榮獲《當代》長篇小說年度獎、《人民文學》優秀長篇小說獎後，拒絕了大眾看重的「華語文學傳播大獎年度小說家獎」，讓我納悶。如此做法，是他作為體制內的專業作家看重國家級大獎，還是不想在眾目睽睽下戴上最佳小說家桂冠，或者其他緣故，不得而知，也不便過多猜疑，否則就是對他的個性與自由的一種不尊重。畢飛宇那句「個人因素」，與傅月庵那句「時代特質」契合，很有意味。傅氏在一次聆聽唐德剛「口述史」講座後，懷著景仰、歆羨的心理，寫信求教，沒想到老先生在大洋彼岸引莊子語錄回覆，激勵他「無用之用，是為大用」。唐德剛極其欣賞李敖為不世出的史才，卻不希望傅氏效仿李氏的高蹈張揚。傅氏每每讀及魯迅、胡適那一輩五四人物對青年的疼惜與愛護，也自然想起了歷史大家唐德剛，不由感歎胡適夫

人江冬秀的評價：「唐德剛是胡老師最好的學生。」能獲此評價，在天堂的唐先生，應該欣慰足矣。

傅月庵是一個有思想與時代感的知識分子，對於當局的長期嚴禁高壓，備感窒息和痛心。他苦悶過，彷徨過，曾經被某些事件觸動得心碎，而多月不能靜下心來讀書。當然，有時他禁囿在特殊政治情勢下的心思和思想，也顯得稚嫩、衝動和感性。但當他重溫《戰時相》、《抗戰八年木刻選集》和《魯迅的思想和生活》三本書，卻分別想到豐子愷試圖在台灣過些安寧日子，卻因語言隔閡而不得不重返中國內地；想到黃榮燦無畏於白色恐怖下的陰森，而慘遭莫名的槍決；想到許壽裳推崇魯迅、宣揚新文化思想，而被暴徒砍殺在睡夢裏……此情此景，足以見證他記憶裏的清醒和憧憬。他雖沒目睹親歷「二二八事件」的慘烈，但從史料記載中台灣民眾所表現的愛國愛鄉情懷中，感覺了當年反動勢力遏制與剿殺的慘酷、淒厲和恥辱。六十多年過去了，「二二八事件」作為台灣人民的夢魘，長時間籠罩在血腥與暴力的陰影中，讓每一個不乏思想與血性的人如傅月庵，刻骨銘心，日夜不忘。讓人沒想到的是，別有用心者，多番曲解炒作，惡意激化，意圖顛覆一次正義的愛國傷痛為中國分裂的虛假。我們只有公正地認識歷史，也自會看到人們由台灣光復的興奮到失望、怨恨，興起的一次反專制、反獨裁、反饑餓、爭民主、求自治的群眾運動。今日，在一國兩制下，兩岸高層不定期互訪，經濟文化交流，民眾旅遊頻繁及台海直航頻增，又何嘗不是對「二二八事件」最真誠、最勇敢的祭奠和安慰？

傅月庵感念歷史真實中的林林總總，回味對新書舊籍、書皮書店的不同印象，追憶在台大附近淘書、赴上海黌夜訪書的好些情景，想起老蓋仙夏元瑜晚年隨筆中的老北京遺韻、政壇閣揆劉兆玄年輕

時續寫小說惹得古龍後悔的趣事、亦舒二三十年寫專欄形成的不讓人生厭的世故、柏楊在與他離別時堅持送至電梯門口的笑影，很有韻味。這些都留在傅月庵的內心深處，流成了《我書》中豐富的與眾不同的佳話和情趣，讓我油然想起在朦朧年月裏不曾遠去的熱衷、尋找、迷惘和欣悅，以及說不盡的也揮之不去的溫柔與感傷。

（原載《出版人》2011 年第 3 期）

釀文學117　PG0812

 敬之書話
　　　——思想的高潮

作　　　者	向敬之
責任編輯	林世玲
圖文排版	楊家齊
封面設計	陳佩蓉

出版策劃	釀出版
製作發行	秀威資訊科技股份有限公司
	114 台北市內湖區瑞光路76巷65號1樓
	電話：+886-2-2796-3638　傳真：+886-2-2796-1377
	服務信箱：service@showwe.com.tw
	http://www.showwe.com.tw
郵政劃撥	19563868　戶名：秀威資訊科技股份有限公司
展售門市	國家書店【松江門市】
	104 台北市中山區松江路209號1樓
	電話：+886-2-2518-0207　傳真：+886-2-2518-0778
網路訂購	秀威網路書店：http://www.bodbooks.com.tw
	國家網路書店：http://www.govbooks.com.tw
法律顧問	毛國樑　律師
總 經 銷	聯合發行股份有限公司
	231新北市新店區寶橋路235巷6弄6號4F
	電話：+886-2-2917-8022　傳真：+886-2-2915-6275

出版日期	2012年10月　BOD一版
定　　　價	260元

Printed in Taiwan

國家圖書館出版品預行編目

```
敬之書話：思想的高潮 / 向敬之著. -- 一版. --  臺北市：
 釀出版, 2012.10
    面；  公分. --（釀文學117；PG0812）
 BOD版
 ISBN  978-986-5976-66-8（平裝）

 1. 書評

011.69                                    101017431
```

讀 者 回 函 卡

感謝您購買本書，為提升服務品質，請填妥以下資料，將讀者回函卡直接寄
回或傳真本公司，收到您的寶貴意見後，我們會收藏記錄及檢討，謝謝！
如您需要了解本公司最新出版書目、購書優惠或企劃活動，歡迎您上網查詢
或下載相關資料：http:// www.showwe.com.tw

您購買的書名：＿＿＿＿＿＿＿＿＿＿＿＿＿＿＿＿＿＿＿＿＿＿

出生日期：＿＿＿＿年＿＿＿＿月＿＿＿＿日

學歷：□高中 (含) 以下　　□大專　　□研究所 (含) 以上

職業：□製造業　□金融業　□資訊業　□軍警　□傳播業　□自由業
　　　□服務業　□公務員　□教職　　□學生　□家管　□其它＿＿＿

購書地點：□網路書店　□實體書店　□書展　□郵購　□贈閱　□其他

您從何得知本書的消息？

　□網路書店　□實體書店　□網路搜尋　□電子報　□書訊　□雜誌

　□傳播媒體　□親友推薦　□網站推薦　□部落格　□其他＿＿＿＿＿

您對本書的評價：(請填代號　1.非常滿意　2.滿意　3.尚可　4.再改進)

　封面設計＿＿＿　版面編排＿＿＿　內容＿＿＿　文／譯筆＿＿＿　價格＿＿＿

讀完書後您覺得：

　□很有收穫　□有收穫　□收穫不多　□沒收穫

對我們的建議：＿＿＿＿＿＿＿＿＿＿＿＿＿＿＿＿＿＿＿＿＿

＿＿＿＿＿＿＿＿＿＿＿＿＿＿＿＿＿＿＿＿＿＿＿＿＿＿＿＿＿

＿＿＿＿＿＿＿＿＿＿＿＿＿＿＿＿＿＿＿＿＿＿＿＿＿＿＿＿＿

＿＿＿＿＿＿＿＿＿＿＿＿＿＿＿＿＿＿＿＿＿＿＿＿＿＿＿＿＿

11466
台北市內湖區瑞光路 76 巷 65 號 1 樓

秀威資訊科技股份有限公司 　　收

BOD 數位出版事業部

....

（請沿線對折寄回，謝謝！）

姓　　名：＿＿＿＿＿＿＿＿＿　年齡：＿＿＿＿　性別：□女　□男

郵遞區號：□□□□□

地　　址：＿＿＿＿＿＿＿＿＿＿＿＿＿＿＿＿＿＿＿＿＿

聯絡電話：(日) ＿＿＿＿＿＿＿＿＿　(夜) ＿＿＿＿＿＿＿＿＿

E-mail：＿＿＿＿＿＿＿＿＿＿＿＿＿＿＿＿＿＿＿